聖書論

清 眞人

Mahito Kiyoshi

II

聖書批判史考

——ニーチェ、フロイト、ユング、オットー、西田幾多郎

藤原書店

聖書論　II――目次

第一章　ニーチェのイエス論　11

ニーチェのパウロ批判の論点　12
快楽主義者としてのイエス　16
「心理学的類型」というニーチェの方法——イエスと仏陀　19
無政府主義的イエスと国家主義的キリスト教　22
「インドならざる土地に生まれた仏陀」としてのイエス　25
反終末論的イエス　27
創造主的人格神宗教の棄却　28
ニーチェとグノーシス派との類縁性の基盤　33
生命主義という問題の環　36
ニーチェをイエス拒絶に導くもの——弱者の快楽主義と強者の快楽主義　37
ニーチェの女性嫌悪《ミソジニー》　39
ニーチェの禁欲主義批判　41
ニーチェの所有主義的性愛観　42

第二章　フロイト『モーセと一神教』を読む　55

古代ユダヤ教とは「モーセ教」である　56
フロイトの合理主義的ヤハウェ解釈の問題性　59
集団的無意識としての原父殺しトラウマ　63
復活せる原父としての神　66

パウロによる贖罪宗教への転換　68
イエス論の不在　71
母権制論の希薄化　75
人間における二つの宗教源泉——ザロメを手がかりとして　78

第三章　ユング『ヨブへの答え』を読む　85

『ヨブへの答え』の位置　86
湯浅泰雄のユング論　87
「自己」と「自我」——深層心理学的考察の方法論的土台　91
「影」の理論の端緒——無意識化が影を生む　93
ユングによる『ヨハネ黙示録』批判　95
無意識的全体性感覚とその自覚化の弁証法　96
キリスト教的自我としての西欧的自我——「影」理論の源泉　103
影的判断中枢の二つの位相　105
「影」との積極的対話こそが「自己の個性化的発展」を導く　107
ユングにとっての『ヨブ記』——神はおのれの暗黒面にいかに対峙し得るか？　111
イエスの先駆形態としてのヨブ　114
汎神論的宇宙神の人格化という問題　116
実際の道徳的諸問題は義務のぶつかり合いから生じる　125

第四章　オットー『聖なるもの』を読む　131

キリスト教の宗教的卓越性はどの点にあるか？　132
宗教的経験の核心としてのヌミノーゼ経験　134
オットーの旧約聖書論——ヴェーバーとの比較において　136
オットーとユング　140
オットーと本書の観点　143
オットーの新約聖書論　145
オットーとグノーシス派の「プレーローマ」的安息　148
オットーとパウロ　150
オットーと西田を架橋する試み——媒介者ジェイムズ　153

第五章　西田幾多郎と終末論　155

「場所的論理と宗教的世界観」と『善の研究』とのあいだ　156
『善の研究』と論考「場所的論理…」とのあいだに横たわる二つの問題　157
西田の生命主義　166
『善の研究』における神人合一経験としての「純粋経験」と他力即自力の論理　169
転回点、ジェイムズの『宗教的経験の諸相』　174
『善の研究』に欠けていたものとは？　182
自力挫折こそが他力覚醒の根拠　184
西田幾多郎における実存論的視点（個の一回性）の摂取　188

終末論というテーマの摂取と日本仏教への西田の批判　190
西田的終末論の特質とその問題性　196
キリスト教的「客観形成的歴史性」に対する西田のアンビヴァレンス　203
「世界史の哲学」的ヘーゲル主義の拒否　207

注　210
人名・事項・文献名索引　243

〈補注リスト〉　本文に付随する議論を展開する補注をつけた。

「おのれを神化されたと感じる」という救済目標とグノーシス主義　（第一章）
ユング・フロイト・ニーチェの三者関係　（第一章）
バッハオーフェンとニーチェとの関係をめぐって　（第一章）
D・H・ロレンスとニーチェとの異同　（第一章）
抑圧されたものの回帰　（第二章）
マリア信仰に対するフロイトの見地　（第二章）
一つの参照事例、沖縄・奄美の「腰当森」の神　（第二章）
「自己」との照応関係の諸形態　（第三章）
湯浅泰雄への批判　（第三章）
ユング的視点から見たニーチェの矛盾　（第三章）
「四者の関係性」について　（第五章）
キリスト教的「良心」とニーチェ　（第五章）
西田とドストエフスキー　（第五章）

聖書論 I――目次

総　序――聖書論I・II巻をつなぐ

〈付論〉石田英一郎の「文化圏的歴史観」と聖書世界

第I部　妬みの神

第一章　嫉妬と熱愛

妬みの神ヤハウェ／バァール＝アシェラ信仰に対する組織的闘争

第二章　嫉妬の心性と旧約聖書
――『エレミヤ書』と『エゼキエル書』をめぐって

「姦淫」重犯罪視に波打つ父権的心性／三つの嫉妬

第三章　ヤハウェ主義を特徴づける女性嫌悪、
あるいはその「肉」メタファー

女性嫌悪／女性嫌悪を生む性愛経験とは？

第四章　母権的宗教に向けられた父権的な妬み

母権的大地母神信仰への憎悪という宗教的含意／母権的価値の価値転倒としての聖なる蛇の貶下／母権的価値の貶下的転倒の他の諸相

第五章　補助線としてのジェーン・ハリソン『ギリシアの神々』

ジェーン・ハリソンの母権論的視点／バッハオーフェン・ルネッサンスとヴェーバー

第六章　「残酷なる試しの神」としてのヤハウェと
預言者のマゾヒズム

残酷なる試しの神／『イザヤ書』をめぐる問題／「心砕かれた者」と「残りの者」の関連――『詩篇』とも関連づけて／『詩篇』と「新しい契約」観念の登場（『エレミヤ書』）――移行期的著作／《換骨奪胎》の問題構造／『ヨブ記』をめぐる問題

第II部　イエス考

第一章　イエスというコペルニクス的転回
――発展的転換か、対立か――

コペルニクス的転回／戦争神ヤハウェの拒絶／聖戦思想との対決／サマリア人問題／パウロにあって希薄化する二つの問題――パウロ的愛の限界性／イエスにおける神観念の転換／亀裂を発展的転換の論理のうちに回収するパウロ／対立を主張するグノーシス派／汎神論的宇宙神と慈悲の神とは如何に媒介可能か？／三つの問題側面／イエス思想の混淆性あるいは往還性――本書の視点

第二章　イエスにおける慈悲の愛の構造

『ホセア書』問題／『イザヤ書』と『マタイ福音書』とのあいだの転倒関係／「裁くな、赦せ」／パウロと「赦し」の思想／被差別民という問題の地平／「罪人」か「病人」か
――ニーチェの問題提起

第三章　イエスにおける「天の王国」表象の「生命力」メタファー
――種子と幼子――

イエスの「天の王国」表象／『ヨハネ黙示録』の問題性
――ユダヤ教への先祖返り

第四章　イエスの「姦淫」否定の論理

「姦淫」重犯罪視の拒絶／父権的家族主義からの女性の擁護

／親女性的なイエス

第五章　女性嫌悪に抗するイエスとグノーシス派
　　――グノーシス派文書『この世の起源について』と『魂の解明』にかかわらせて――
パウロの性欲観／『創世記』第一節にのみ依拠するグノーシス派の男女平等主義／グノーシス派とプラトンのエロスの神話／『この世の起源について』／強姦欲望という神話的テーマ／聖なる蛇と裸体のエロス的肯定／『魂の解明』

第六章　イエスの生命主義とグノーシス派
問題の提起／プレーローマ的安息の観念／《全一性‐欠如》のプラトン的弁証法／イエスの姦淫否定論とグノーシス派／生命主義という問題の環／パウロ的生命主義の問題構造とユダヤ的律法主義との関係

補章　脱・預言者、反・ヤハウェ主義者としてのイエス
イエスの最期の言葉をめぐって／グノーシス派とニーチェ
――イエスの死の理解をめぐって

聖書論

II

聖書批判史考——ニーチェ、フロイト、ユング、オットー、西田幾多郎

第一章　ニーチェのイエス論

ニーチェのパウロ批判の論点

ニーチェの『反キリスト者』はイエス奪還の書である。彼にとって《キリスト教》とは、イエス自身の思想の抹殺といって過言でない根本的贋造によって産みだされたものであり、その下手人はパウロである。『権力への意志』の「宗教の批判」章もまたその全編にわたってパウロをかかる下手人として告発している。

既にⅠ巻『妬みの神と憐れみの神』(以下『妬みの神…』と略)において私は次の問題を幾度も取りあげてきた。すなわち、十字架につけられたイエスの非業の死に対して、それを《人類の原罪に対する神の赦し(「新たなる契約」)を得るべく、「神の子」たるイエスが肉に生まれ死の恐怖に蝕まれた「人の子」としての悲惨・苦痛を晒しながら、みずからおこなった供犠死》(「十字架の逆説」)と意味づけるパウロの解釈こそが、新約聖書と旧約聖書とのあいだに存する《亀裂と対立》と見えるものを、新約聖書へと向かう旧約聖書の自己完成のプロセス(＝預言者伝統の完成)が生む《発展的転換》だと捉え返す観方(「救済史観」佐藤研(1))を生み、くだんの《亀裂と対立》を旧約と新約とを繋ぐ連続線のなかへと回収することを可能にする。かかる解釈の最強の明示者としてパウロは正統キリスト教の創始者となる、と。

ではニーチェはこうしたパウロの解釈をどう捉え如何に問題化するか?

まず彼はパウロの解釈に対して次の言葉を『道徳の系譜』のなかで与えている。
「誘惑し、陶酔させ、麻痺させ、堕落させる力の点で、あの《聖なる十字架》という象徴に匹敵すべきものを、あの《十字架にかけられた神》という戦慄すべき逆説、人間の救済のために神自らが十字架にかかるという想像を絶した極端な残忍きわまるあの秘蹟劇に匹敵すべきものを、誰が考えだすことができるだろうか？」[2]（傍点、清）。

おそらく右の一節には、プロテスタント牧師の父への崇拝をとおして、まさにこうしたパウロ的イエス像に一時期であれ誘惑され、陶酔し、麻痺させられた少年期の自分に対するニーチェの追憶が自虐的に織り込まれているに相違ない。だがそれはともかく、『反キリスト者』ならびに『権力への意志』の「宗教の批判」章には右に見たニーチェの評言をさらに敷衍する議論の展開がある。

まずそもそもニーチェは、パウロが「贖罪の犠牲」という観念を発案したこと自体を猛然と批判する。というのも、贖罪という観念はそれ自体で人間の肉体に担われた現世の生をそもそも罪深いものと見なす観点、かの原罪思想を疑うべからざる前提とするものだが、ニーチェはキリスト教のこの根幹の観念それ自体をイエス自身の思想ではなかったとするからだ。かつ、それは贖罪のために犠牲を要求するのは当然とする見地に立っているが故に、これまたイエスの反ルサンチマンの思想に根本的に背馳するとみなす[3]。それはニーチェにとって、それ自体で既に一個の世界観・遠近法《パースペクティヴ》の創出である。パウロ以降キリスト教徒にあっては人間の生はこの遠近法のもとで問われる。

ニーチェにとってキリスト教とは、人類をこの遠近法に呪縛しようとの試みにほかならない。確かにニーチェは見ていたといわねばならないだろう。「贖罪のための犠牲」という犠牲強要精神・《復讐と粛清の哲学》が西欧の歴史において（そして二十一世紀の今日、イスラム世界においても）その後如何に好き勝手に独り歩きし始めるかを！　いわゆる「敵」には勿論、「味方」あるいは「内なる敵」に対しても、「他者」にも「自己」に対しても！

だが、ニーチェならびに彼の理解する「真のイエス」にあっては、たとえ現世の肉体に担われた生であろうと、人間の生が生の本質にふさわしくもっとも活き活きと生きられた場合には、その生は――ニーチェの言葉を用いるなら――「おのれが『神化された』と感ずる」[4]ところの「神と人間との一体化」において実現される生[5]、おのれが『天国』にいると感ずる」あるいは「おのれを『永遠』と感ずる」浄福的生（das selige Leben）になることができる。[6]したがって、この立場は徹頭徹尾そうした形容が指示する性格の「地上の幸福」を目指すものなのだ。[7]*

だからまたニーチェにいわせれば核心をなす問題は、イエスの教えがそうした浄福的生を実現する「生の実践」、「福音的実践」に人々を導けるか否かにある。[8]彼いわく、『救世主』の心理学的実在性」、つまり人間たちに救済主からの働きをありありと感じさせるが故にその実在を確信させる心理学的根拠とは、人間の側に既に存在しているかかる浄福的生を実現するためには「どのように生きねばならないかということに対する深い本能」（傍点、清）、この本能にイエスの言葉が直に訴えかける力をもつ点にこそある。[9]

他方、パウロがなすこととは何か？　はたして実現されるか否かわからない、およそ人間の理性では理解しがたい肉体を伴う死後復活の「約束」に、しかも現在の自己を不滅化したいといったナルシスティックな惨めな狭量な小人の願望の正当化を随伴させつつ、[10]真の浄福的生を得たいという人間の自己救済願望を縛りつけてしまうことなのだ。その結果、「生の重心が、生のうちにではなく、『彼岸』のうちに――無のうちに――置き移され」（傍点、ニーチェ）、「生から総じて重心が取り除かれてしまう」[11]。だから、パウロのやることは実は人間の意識を観念的な仕方でひたすらに死後という無（非実在）の方向に動員することでしかない。かくて、パウロのくだんの解釈とともに、「福音のまったき唯一の実在性である『浄福』という全概念（der ganze Begriff "Seligkeit"）が姿をくらましてしまった」[12]。――そうニーチェは論定する。

＊ **「おのれを神化されたと感じる」という救済目標とグノーシス主義**　柴田有の『グノーシスと古代宇宙論』（勁草書房、一九八二年）のなかに、ニーチェがイエスの掲げた根本的問いを「おのれが『神化された』と感ずるためにはどう生きなければならないか」であるとしたことに深くかかわる重要な指摘がある。その指摘は別段ニーチェに関するものではなく、古代ヘルメス文書の重要な一冊でありグノーシス主義の書である「ポイマンドレース」が掲げた救済目標に関してのものであるが、しかし、そこにはニーチェとの期せずしての興味深い関連が浮かびあがっている。すなわち柴田によれば、「ポイマンドレース」は「神と一体となること」を「神化」と呼び、「神化、これこそが認識《グノーシス》を有する人々のための善き終局である」と述べているが、しかし、こうした救済目標の設定はグノーシス主義に特有なことではなく、「ローマ帝政期の国家宗教、密儀

宗教・哲学諸派」等に共有された観念であったと。それは、「本来神的な起源を持つ人間が、地上の生と身体に降下することによって自己の起源を忘却するが、魂の帰昇において再び神性を回復することを意味した」（同書、四五頁）。ここには、ニーチェのイエス解釈が期せずしてグノーシス派とその基礎をなすプラトン主義にきわめて接近したものになったことの思想的・文化的背景がおのずと浮かびあがっているといい得るであろう。また、この救済目標に西田幾多郎の「神人合一」経験たる「純粋経験」も定位する事情に関しては、本書第五章「西田幾多郎と終末論」を参照されたし。

快楽主義者としてのイエス

ニーチェの側からする別な言い方を用いれば、彼と彼の解するイエスの立場は――そこに強壮と衰弱との、重大な、ひいては和解し得ない対立にまで成長する相違があるにせよ――「快楽主義の崇高な発展」を追求するという点では、またこの立場が「ルサンチマンのあらゆる感情を越え出た卓越性」(13)に満たされることを必須とするという点では一致している。そしておそらく、この両方の快楽主義は注意をひたすらにこの地上のおのれの浄福的生の実現に注ぎ、その悦ばしき経験のなかでつねに「永遠の今」の感情に満たされるが故に死には無関心となり、そういう形で死への恐怖をも超越するものにちがいない（私は既に十二分に生き得たが故に、そして宇宙と自己とを融合せしめる快楽の修行を積み重ねてきたが故に――死を恐れるにしても僅かにであって――満足のうちに死ぬであろう！)。

このニーチェ＝イエス的な生のヴィジョンにあってはもともと神と人間は隔絶していないからこそ、人間はこの現世において神との一体化がもたらす浄福の生を実現し得る。他方ユダヤ教を踏襲するパウロにあっては、人間は神と隔絶しているとみなされるが故に原罪を負わざるを得ないと考えられ、かくてまた浄福的生への期待は神の赦しを得て可能となる死後の復活に託すほかなくなる。それはたんなる約束であって、現実ではない。(もっとも私の解釈によれば、パウロのなかにも地上における浄福的生への希求は疼いているのだが)。（参照、Ⅰ巻『妬みの神…』のなかのパウロにかかわる諸節）

では、ニーチェは十字架の上でのイエスの死をどのように解釈するか？

彼によれば、「本来イエスがその死でねがったのは、おのれの教えのもっとも強力な証拠を、証明を公然と与えること」[14]以外ではない。まさに、あの十字架上の過酷な死を、にもかかわらず、自分に苦痛と死を与える「悪人」にすら祝福を与えながら、いいかえれば「ルサンチマンのあらゆる感情を越え出た卓越性」を示しながら、既に浄福の生を十分に生き切ったという大いなる平安のうちに死ぬこと、これである。その死にゆく「十字架上の彼の態度」、「防御せず、立腹せず、責任を負わせず……そうではなくて悪人にも反抗せず、――悪人を愛する……」態度、それをもって自分の思想の効力を証明してみせること、これであった（『反キリスト者』三五節）[15]。パウロ的解釈像が『イザヤ書』の叙述する「神の僕《しもべ》」たる預言者のサド＝マゾヒズム的な「肉」の苦悶に焦点を合わせ、マルコ・マタイ・ルカ三福音書の掲げる「彼みずからが我らの弱さを負った、そして我らの病を担った」という意味づけのコンテクストを継承するとすれば、それとは真逆の解釈像をニーチェは提起するのである。(おそらく、彼のかかる解釈を生む土台には本書が「宇宙的全体性への主体転換」と名づけた思想が据えられているにちがいない)。(参照、I巻第II部第一章・「汎神論的宇宙神と慈悲の神とは如何に媒介可能か?」節)

こうしたパウロ批判を土台として、ニーチェはパウロ以降の正統キリスト教の発展を次のように総括する。かかるイエスの抹殺と贋造によってキリスト教は、みずからをユダヤ民族とその文化・宗教に対する激しい対立者として描きだすにもかかわらず、「ユダヤ的本能への反対運動ではなく、その本能の徹底そのもの、この本能の恐怖をそそぎこむ論理における一歩をすすめた結論[16]」となると。つまりニーチェにとってキリスト教とは、古代ユダヤ教のなかから登場したその稀代の否定者たるイエスを再び――今度はイエスの名を騙って、古代ユダヤ教の思想圏へと復帰せしめる「曲芸[17]」の挙行によって――否定する宗教なのである。この事情を彼は「キリスト教の発生」にかかわる「第一命題[18]」と呼ぶ。こうある。「すでに『キリスト教』という言葉が一つの誤解である。――、根本においてはただ一人のキリスト者がいただけであって、その人は十字架で死んだのである。『福音』と呼ばれているものは、すでに、その人が生きぬいたものとは反対のものであった、すなわち、『悪しき音信』、禍音であった[19]」と。また、そもそもかかる復帰が生じるのは、――現代風にいえば、大衆を捉えるイデオロギーはすべて――その大衆が既にひたされている或る精神的地盤を自分の成長の糧とするからなのであり、その意味で「キリスト教はそれが成長した地盤（つまりルサンチマンに満ち満ちた「ユダヤ的本能」という、清）からのみ理解されねばならない」からなのだ。後にD・H・ロレンスもまた彼の『黙示録論』においてキリスト教のなかに相反する二つの顔、平和と愛を説くイエスの顔とルサンチマン的憎悪に満ち満ちた黙示録的キリスト教の顔との二つを見いだし、前者をもって後者を批判するが、ニーチェはこのロレンスの批判の最重要な先行者である。（参照、I巻第II部第三章・「『ヨハネ黙示録』の問題性」節）

「心理学的類型」というニーチェの方法――イエスと仏陀

稀代の心理洞察者であり、心理学を認識論の基礎に据える「パースペクティヴ」論の提示によってフロイトとユングとの魁《さきがけ》となるニーチェは、[20]「心理学的類型」[21]の分析という視点からイエスとキリスト教（つまり「正統キリスト教」）のそれぞれを比較し、そこに潜む正反対といいうる心性《メンタリティー》の対立を抉りだす。たとえば、ニーチェはイエスを「英雄」と形容するルナンの解釈を批判し、イエスの心が住まう心理世界の根本的な反政治的性格・反闘争的性格を強調する。「まさしくあらゆる闘争への、闘争しつつあるとのあらゆる自己感情への反対こそ、福音書では本能となっている。抵抗することとの無能力がここでは道徳となるのである」[22]。彼によれば、およそ「英雄」の如き闘争的＝政治的心性とは対極の地点にイエスは位置する。そうしたイエスの「平和主義」こそイエスの福音書を解く鍵なのである。「(『悪しき者に抵抗すな』は福音書のもっとも深い言葉、或る意味では福音書を解く鍵)、平和における、柔和における、敵たりえないことにおける浄福が[23]」とニーチェは書く。こう書くとき彼の念頭にある第一の書は『マタイ福音書』であることは疑いのないところであろう。

ニーチェはキリスト教をルサンチマン宗教の頂点的な代表者とみなす。他方、イエスの「心理学的類型」は仏陀と並んで反ルサンチマンの心性を表わす稀有な例なのだ。ニーチェは仏陀について、「見解を異にする者に対する闘争をもなんら要求することがない。彼の教えは何ものにもまして、復讐の、忌避の、ルサンチマンの感情におちいらないようにつとめる[24]」と述べる。この特徴づけはそのままイエスにニーチェが与える規定となる。イエスを指してニーチェは、「きわめてインド的ならざる土地にあらわれた仏陀[25]」と述べさえする。他方、「キリスト教的なのは、おのれと他人とに対する残酷さの或る種の感覚である、見解を異にするものへの憎悪である。迫害の意志である。陰鬱な扇情的な想念が前景にでている[26]」と。

『権力への意志』のなかに次の一節がある。おそらくこれは、イエス‐キリスト教‐仏教の三者関係についてニーチェが抱いた認識をもっとも簡明に要約する一節にちがいない。すなわち、「キリスト教は、ルサンチマンという本来的な発生地のただなかから生じたところの、一つの仏教的平和運動への素撲な萌芽である。……しかるに、パウロによって異教的神秘主義(おそらく肉体を伴う死後復活の教説を指す、清)へと一変せしめられ、ついにこれが全国家組織と妥協することを学ぶにいたった。……かくして、戦争をなし、断罪し、拷問にかけ、誓約し、憎悪するにいたった。[27]」(傍点、ニーチェ)。右の一節にいう「仏教的平和運動への素朴な萌芽」、それがイエスである。しかし、このイエスという萌芽は、そもそも「ルサンチマンという本来的な発生地」(ユダヤ精神)を体現する弟子のパウロによって巧みに改竄され、ルサンチマンの放棄を説く愛と平和の言説が逆説的にも実は信徒の胸に宿るルサンチマンを煽り立てる巧みな装置・仮面となる。かかる改竄は「曲芸[28]」と呼びうる。イエスならぬ、キリスト教を産み出す衝動はルサンチマンである。しかし曲芸とは、キリスト教はこの自分を駆動するルサンチマンを晴らすためにこそ「平和と無垢を愛する党派」の仮面を被ることである。しかも、この仮面を被ることによってこそキリスト教は「全国家組織と妥協することを学ぶ」。(参照、I巻総序・付論「石田英一郎の「文化圏的歴史観」と聖書世界」・「石田の視点を拡張する試み」)

なお私は次のことをつけくわえ強調しておきたい。すなわち、このニーチェの「心理学的類型」分析という方法論的視点は預言者メンタリティーに対しても、古代ユダヤ教に横溢する女性嫌悪《ミソジニー》や性愛嫌悪に対しても適応されるべきであると。また、そのさいニーチェが洋の東西を問わず僧侶階層に共通するメンタリティーを「禁欲主義的理想のすべてのヒステリー」と呼び[29]、その隠された核心をなによりもその倒錯した自虐的な苦行主義的マゾヒズムのなかに見いだし、かつ古代ユダヤ教こそこの自虐的快楽主義の一大頂点とみなしたことは——当然ニーチェ的バイヤスがかかっているとはいえ——、右の問題の解明にとっても実に示唆に富んでいると。彼いわく、「この密かな自己暴虐、この芸術家的残忍、重苦しい・抵抗する・受け身の素材たる自己自身に形を与え、これに一個の意志と批判と矛盾と侮蔑と否定を烙きつけるこの悦楽、自己分裂を好み、苦悩させることの悦び」云々。[30]（なお、『道徳の系譜』は三論文からなるが、その三つの論文中もっとも分量が多い第三論文のタイトルはまさに「禁欲主義的理想は何を意味するか」なのである。さらに付言すれば、実はこのマゾヒズムはニーチェがなによりもおのれ自身の心性の核心として発見したものであった。だから、この第三論文はキリスト教批判を偽装したところの自己解明・自己告白の書としての趣をもつ）。（参照、拙著『大地と十字架——探偵Lのニーチェ調書』思潮社、二〇一三年）

無政府主義的イエスと国家主義的キリスト教

ところで右にあった国家との妥協という問題に関しては、まず『権力への意志』は端的にこう主張している。「原始キリスト教は国家を廃止する」と。[31] 同時にニーチェはこう指摘する。原始キリスト教団が誕生するさいの「その前提はまったく非政治的なユダヤの社会である」[32]（傍点、ニーチェ）と。ニーチェによれば、おのれをもはや国家に帰属するものとして意識することのない、したがってあらゆる政治的関係性から免れている一種の飛び地、その政治的かつ社会的な自己組織エネルギーを「去勢」された欄外的余白的な小社会、ただそこでのみ仏陀の絶対平和主義と極めて近接したイエスの無抵抗主義が、かの「汝の敵を愛せ」の精神が、一切の怨恨と復讐心の放棄にこそ魂の平安を達成する最大の関門を見るイエスの思想が生育し得た。「小さなユダヤ人の集団から愛の原理が生ずる」[33]。イエスの精神を文字通り体現するものとしての「キリスト教はもっとも私的な生存様式としては可能である。それは、狭い、引きこもった、完全に非政治的な社会を前提とする」[34]。(とはいえ本書の観点からすれば、イエスの「愛敵」の思想は亡国とその取り戻しを生きた過酷な古代ユダヤ史を背景に置いた旧約聖書全体――激越なる「政治的ならびに社会的革命」(ヴェーバー)の意志と情念に満ちた――に対してなされた反措定であった。そういう形で、国家的現実に向き合っていたのだ。しかしそうであっても、イエスの主張のリアリティーが成り立つのはただ《小さなユダヤ人社会の非政治的な空間》においてのみだとニーチェはいいたいのであろう。)

ところがこのイエスの言説が、ユダヤ民衆のみならず、自分たちを抑圧する支配民族なり同族の上層階級への反逆という古代ユダヤ教の基盤をなすのと同類の怨恨的でもあれば政治的＝国家形成的でもあるエネルギーを抱えた様々な人間たちを捉え、逆にそのいわばイデオロギーの道具へと簒奪され造り替えられる。そのようにしてそこに「キリスト教徒」という「類型」が誕生する。すると、たちまちこの類型の人間たちは、自分たちが「元々否定したすべてのものを徐々にふたたび取り入れる」。彼らは、「市民、兵隊、司法官、労働者、商人、学者、進学者、僧侶、哲学者、農夫、芸術家、愛国者、政治家、『君主』となる〔略〕彼は、誓って否認しておいたすべての活動をふたたび取り上げる(――自己弁護、審判、刑罰、誓約、民族と民族との間の区別、軽視、立腹〔略〕)。キリスト教徒の全生活は、ついには、キリストが離脱することを説教した生活とまったく同じものとなる」云々[35]。

なお、このニーチェのキリスト教批判にかかわって、私はぜひとも次のことをつけくわえておきたい。この批判の文脈では一見ニーチェはイエスの絶対平和主義に――一種独特な無政府主義者となって――連帯しているかに見える。だが、イエスの「愛敵」の思想の前提は「まったく非政治的なユダヤの社会」であるとの先のニーチェの注釈は、実はニーチェ自身は徹底的なる戦争肯定主義者だということを仄めかす暗示でもある。というのも、社会が国家的・政治的社会へと発展することは不可避であり、それが社会の常態であることが確認されるや、この確認は彼をして逆に「毒食らはば皿までも」のリアリストの決意をもって「汝の敵を憎み抜け」へと突進させる跳躍台となるからだ。実に「汝の敵を愛せ」の不可能性に対する絶望は一転して彼を金猛獣的暴力への礼賛へと暗転せしめる。事実、暴力の肯定と不可分な「主人道徳」へのディオニュソス讃歌に横溢した後期ニーチェの『道徳の系譜』には戦争礼賛の言辞が溢れかえる。いわく、「戦争と勝利とによって強壮にされ、征服や冒険や危険や苦痛が無くてはならぬ必要物とさえもなっている精神[36]」、この戦士的精神の誕生と涵養こそが近代がもたらした精神の堕落を撃破する鍵であり、戦争に継ぐ戦争こそが人間の生の本質にかなったリアルな常態であり、平和は次の戦争に移るための束の間の休息に過ぎず、常態になろうはずもなく、だからまた理想として追い求める価値もないとの[37]。

「インドならざる土地に生まれた仏陀」としてのイエス

議論を戻す。問題の所在をめぐる右のニーチェの独創的な理解において、イエスはたんにその平和主義という点だけでなく、その救済の論理においてもかぎりなく仏教に近い。イエスの説く救済の論理もまたおよそ終末論的なものではない。その「永遠の今」の思想において、いいかえれば現下の此岸そのものを浄福として受け入れる「心の転換」を主張する点において、その反彼岸主義において、反終末論において、かぎりなく仏教に近い。

キリスト教の根本的な政治的性格は必然的にキリスト教に固有の意味での「歴史的性格」を与える。キリスト教が生きる時間性は終末論的である。人間の罪業性の最終帰結が世界の破局に至る瞬間に救世主が登場し、《悪》は裁かれ、「キリスト教徒」という選ばれた民のみがそこに到来する「神の王国」・「天の王国」に導かれる。これら《聖なる王国》という終末論的表象は、「天の王国」という名辞に反して、実はその政治的性格によってそれが発揮するイメージ喚起力は著しく実在的＝現世内的である。（参照、I巻第II部第三章・『ヨハネ黙示録』の問題性」節）

この点においてわれわれはマックス・ヴェーバーの『古代ユダヤ教』を参照すべきであろう。それによれば、古代ユダヤ教の世界観が根本的に「歴史的」であった理由は次の点にある。「この世界は永遠でもなければ不変でもなく、むしろ創造されたものなのであり、そしてこの世界の現在の諸秩序は、人間の行為、とくにユダヤ人の行為と、それに対する彼らの神の反応との所産なのであって、つまり一つの歴史的所産にほかならぬのであって、ふたたび神の欲するとおりの状態に場所をゆずるようにさだめられものであった。古代ユダヤ人のそうした生活態度は、政治的および社会的革命が将来神の指導のもとにおこなわれる、というこうした思想によって、すみずみまで規定されていた」[38]（傍点、ヴェーバー）。

このヴェーバーの指摘を参照軸とすれば、キリスト教的な「天の王国」はくりかえしユダヤ教的な政治的性格のものへと先祖返りするのに対して、他方、イエスのいう「天の王国」は——ニーチェが強調しまた本書がこれまで縷々論じてきたように——まったく政治的性格をもたない。そこは、病める心を癒された魂が生きる現世内超越の別次元なのである。確かにそれは、ヴェーバー風にいえば、インド諸宗教が代表的事例になるような全宇宙との神秘主義的な一種の「神人合一」を実現することで「解脱」とか「涅槃」と呼ばれる「無感動的エクスタシス」[39]に入り込むという「宗教的救済財」[40]の呈示ではない（とはいえ、グノーシス派は彼らの抱いていたもともとのプラトン主義的宇宙観を介してインド的方向へとイエス解釈を限りなく引き寄せる）。しかしまた明らかに、古代ユダヤ教が呈示するような神ヤハウェを指導者とする「政治的および社会的革命」の実現としての「神の統治する王国」という現世内的な「宗教的救済財」でもなかった。イエスの救済思想は両要素のきわめて独自な混淆性・往還性において際立つ。（参照、Ⅰ巻第Ⅱ部第二章・「イエスにおける『天の王国』表象の…」節、第六章・「パウロ的生命主義の問題構造とユダヤ的律法主義との関係」節の補注「パウロにおける「天の

王国」表象の終末論的性格と、その肉体復活論二)

反終末論的イエス

ニーチェは、イエスが生きる時間性はまったくのところ終末論的ではなく、その対極にあることを強調する。「真の生、永遠の生は見いだされている、――それは約束されているのではなく、現にあり、汝らのうちにある、すなわち、愛における、差し引きも除外もない、距たりのない愛における生として。あらゆる人が神の子である――イエスはおのれひとりのために何ひとつとして要求することはない――、神の子としてあらゆる人はあらゆる人と平等である……」と。[41]『権力への意志』にもこうある。イエスの説く「天国」とは、「年代記的・歴史学的に、暦にしたがって『来る』のでもなければ、或る日には現にあるが、数日前にはなかったといった或るものでもなく、それは、『個々人における心の転換』であり、いつでも来るが、またいつでもまだ現にない或るものである」[42]と。

かくてニーチェの理解によれば、イエスの救済ヴィジョンは仏教の説く覚醒・悟りの論理とほとんど同じなのだ。仏教の説く浄土は、時間的にも空間的にも現下の此岸と隔絶された彼岸にあるものでは実はない。悲惨に溢れ穢れにまみれたこの現下の此岸が即そのまま浄土の彼岸であることが会得されるということが、つまりかかる発見を為しうる「個々人における心の転換」が、悟り・覚醒・解脱・涅槃である。かかる転換にまで心を導く日々の「生の実践」が修行である。この点で、仏教の世界態度とニーチェが「永遠回帰」思想を通じて目指す世界態度とはきわめてよく似ている。大地・現実の此岸、それをそのままの姿において果たして全的に肯定しうるや否や、それが問われているのだ。その事情はイエスの「天の王国」についても同じなのである。(なおこの点で、後述するように、また一五頁の補注にも示唆されるように、ニーチェの解釈はグノーシス派の思想とも近接する)。(参照、Ⅰ巻第Ⅱ部第六章・補注「「一者」とニーチェ」)

創造主的人格神宗教の棄却

この点で、私は次のことを強調したい。ニーチェは発狂の前年に書いた『偶像の黄昏』八節において、彼の最終的に行き着いた宇宙観が彼のデビュー作である『悲劇の誕生』が基礎に置いた古代ギリシアの宇宙観である「根源的一者」の観念に立ち戻るものであることを示す。かつ、それを、神による宇宙の「無からの創造」を説くユダヤ=キリスト教の教説と一体となった目的論的宇宙観に意識的に対置し、世界総体を「善悪の彼岸」に立つ無目的な永遠なる「生成の無垢」と把握する宇宙観だとする。

彼はまず人間個人の存在についてこう書きだす。「おのれの本質の宿命性は、過去に存在し未来に存在するであろうすべてのものの宿命性から解きはなすことはできない(43)」と。

われわれは注目しなければならない。このニーチェのいう「過去に存在し未来に存在するであろうすべてのものの宿命性」、かかる宿命性の全体性とはけっしてヨーロッパ的な哲学的思惟がつねに問題にしてきたような、ユダヤ＝キリスト教の「無からの創造」説を土台とした創造主たる人格神の神的摂理が規定する目的論的な全体性、いうならばヘーゲル的な全体性ではないということに。それはむしろ、仏教的な「縁起」的な非実体的な無限なる関係性の全体性、時間すら空間的な全体性に置き換えるほどの全体性である。（この点でそれは西田幾多郎の議論に重なる）。（参照、本書第五章・「西田的終末論の特質とその問題性」節）

だからニーチェは右の一節にすぐさま次の一節を続ける。「彼（個人のこと、清）は、或る独自の意図の、或る意志の、或る目的の結果ではなく、彼でもって、『人間の理想』とか『幸福の理想』とか『道徳性の理想』とかを達成する試みがなされているのではない」(44)（傍点、ニーチェ）と。いいかえれば、ニーチェは声を大にして、根本的にキリスト教的であるヘーゲル的な目的論的全体性の弁証法を拒絶しているのである。「おのれの本質をなんらかの目的のうちへと転がし入れようと欲することは、不条理である。『目的』という概念を捏造したのは私たちであって、実在性のうちでは目的は欠けている」(45)（傍点、ニーチェ）と。

この文章の最後の一節は、根本的にキリスト教的なヨーロッパ的精神へのニーチェの決定的な訣別の一節といい得る。全文を引用しよう。

「人は必然的であり、一片の宿業であり、全体に属しており、全体のうちで存在している、――

私たちの存在を裁き、測定し、比較し、断罪しうるものは何ひとつとしてない。なぜならそれは、全体を裁き、測定し、比較し、断罪することにほかならないからである。……しかるに全体以外には何ものもないのだ！——誰ひとりとしてもはや責任を負わされてはならないということ、存在の様式は一つの第一原因 **causa prima** へと還元されてはならないということ、世界は感覚中枢としても『精神』としても一つの統一ではないということ、このことがはじめて大いなる解放である、——このことではじめて生成の無垢が再興されたのである」[46]（傍点、ニーチェ）。

そして彼はこの一節をこう結ぶ。「『神』という概念はこれまで生存に対する最大の異議であった……私たちは神を否認する、私たちは神において責任性を否認する。すなわち、このことではじめて私たちは世界を救済するのである」[47]（傍点、ニーチェ）と。

いうまでもなく、ここでニーチェがいう「神」とはユダヤ＝キリスト教のいう創造主神のことである。明らかに、『偶像の黄昏』において、ニーチェは自覚的にユダヤ＝キリスト教的宇宙観を捨て、東洋の諸宗教さらには実質的にグノーシス派もまた依拠する宇宙観、すなわち絶対所与たる自然的宇宙そのものを神・絶対者と見なす汎神論的宇宙観を彼自身の宇宙観に採用したのである。[48]

ニーチェは、この宇宙観選択の問題をイエス解釈に関連づけて論じるということを彼の著作のなかではまだ全然おこなっていない。しかし、彼のいわば「反キリスト者」的イエス解釈がこの宇宙観選択の問題と本質的に関係していることは疑いない。

この点で、既に本章「ニーチェのパウロ批判の論点」節で幾分かは取り上げたが、ニーチェのイエス解釈はその根本的方向性において多くの点でグノーシス派や仏教の立場ときわめて類似している。先に『権力への意志』から引いた一節、「おのれを『神化された』と感ずる」に至ることこそ救済目標だとする一節は次の文脈に埋め込まれたものであった。すなわち、彼はイエスの精神をなによりも「キリスト教」の根幹たる罪と罰の思想に対立させてこう書く。「イエスは、懺悔や贖罪の教え全部に反対するのである。彼が示すのは、おのれが『神化された』と感ずるためにはどう生きなければならないか——また、おのれの罪を懺悔し後悔することではそこに達することはできないということである。『罪を意にかいしない』ということが彼の主要な判断である。罪、懺悔、赦し、——これらすべては彼のものではない。[49]」（傍点、ニーチェ）

また『ツァラトゥストラ』のなかにこうある。「ツァラトゥストラは病んでいる者たちにやさしい。まことに、彼は、彼らの流儀の慰めや忘恩に対して、腹を立てたりしない。彼らが、回復しつつある者となり、超克しつつある者となり、或るより高次の身体を獲得してくれるように！[50]」と。あるいはまた、「きみたちは、『敵 Feind』と言うべきで、『悪漢 Bösewicht』と言ってはならない。きみたちは、『病める者 Krankheit』と言うべきで、『ならず者 Schuft』と言ってはならない。きみたちは、『愚か者 Thor』と言うべきで、『罪人 Sünder』と言ってはならない[51]」と。

ニーチェは罪と罰という二つの概念がコンテクストを支配する道徳的な糾弾の文法を拒絶して、代わって病と健康の概念とがコンテクストを導く生理学的な治療の文法を採用し、前者を後者へと変換すべきことを説いてやまない。この彼の観点は、たとえば『反キリスト者』のなかではキリスト教に比する仏教の優越性への評価となって現れる。

ニーチェによれば、キリスト教の根本性格が「罪」という自己意識を人間に強制して止まない道徳的宗教という点において特徴づけられるならば、反対に仏教を特徴づけるのはその世界観の非道徳主義的性格である。仏教の「苦」はけっしてキリスト教的な「罪」のもつ道徳的負性を意味しない。ニーチェはこういう。「仏教はもはや『罪に対する闘争』ということを口にせず、現実の権利を全面的にみとめながら、『苦に対する闘争』を主張する。仏教は——これこそそれをキリスト教から深く分かつのだが——道徳的概念の自己欺瞞をすでにおのれの背後におきざりにしている、仏教は、私の用語でいえば、善悪の彼岸に立っている[52]」。

こうした彼の問題設定の背後には、明らかにⅠ巻『妬みの神…』第Ⅱ部第二章「イエスにおける慈悲の愛の構造」で取り上げたイエスの観点、罪人を「病人」として捉え、神を病を癒す「医者」に喩える『マタイ福音書』の見地へのニーチェの注目が隠れていることは明らかであろう。この問題をめぐって「キリスト教」に対して「仏教」の優位を強調するニーチェの視点は、古代ユダヤ教に対してイエスの「赦しと憐れみの愛」の思想がどのように鋭く対立するかという点についてのニーチェの理解が織り混ざっているのである。この点においても、ニーチェにとってイエスは「きわめてインドならざる土地にあらわれた仏陀[53]」（前出）と捉えられるべきなのである。

ニーチェとグノーシス派との類縁性の基盤

古代ユダヤ教のヤハウェ主義とイエスその人の教説との亀裂と対立を――グノーシス派のイエス理解をきわめて重要な参照軸としつつ――跡付けてきたⅠ巻『妬みの神…』を読んだ読者には、こうしたニーチェのほとんど一個の体系をなすイエス解釈は実にグノーシス派のそれと深い類似性を示すと映るにちがいない。寡聞にして、私はまだニーチェが彼のキリスト教批判を形成するにあたってグノーシス派の見解をどこまで知っていたのか、またそこからどの程度影響を受けたのか、それとも全然知ることもなく影響も受けなかったのか、その点を研究した文献にまだ出会っていない。そもそもナグ・ハマディ文書がエジプトで発見されたのは一九四五年であり、それが学者たちの本格的調査の対象となるのは一九五五年以降のことであるから、[54]ニーチェがそれを読めるわけは毛頭なかった。しかもペイゲルスの指摘によれば、この発見まではグノーシス派についての情報のほとんどすべては「それに加えられた正統派による大規模な攻撃から知られること」だったのであり、「グノーシス主義は、異端のなかでも最初期の――そしてもっとも脅威的な――存在であったにもかかわらず、学者たちはほんの一握りのグノーシス原本しか知らず、しかも一九世紀以前には出版された原本は皆無であった[55]」と。だから、ニーチェが直接にグノーシス派の文献研究を彼の議論に役立てた可能性はきわめて低い。

しかし他方、ニーチェが古代ギリシア文化に精通しており、また仏教の研究を通じてユダヤ＝キリスト教文化を批判的に相対化するうえでの古代の諸宇宙観の対立状況には並々ならぬ知見の持ち主であったことは明白である。彼は老子にもインドの数論派にも通じていた[56]。だから、期せずして彼のイエス解釈がグノーシス的解釈と重要な一致を幾多の点で示したことは不思議ではない。

なお湯浅泰雄は、グノーシス主義の「知恵」観念と大乗仏教の「仏性」観念とのあいだに大きな類似性を見いだし、それを最初に深く論じた仏教学者コンツェの考察を紹介しながらこう論じている。

――大乗仏教のいう「仏性」（霊的本性）は「如来蔵」と呼ばれたが、これは「如来となるべき種子がすべての人間に蔵されている」という意味であり、またここでいう「蔵」は「胎児・子宮・母胎」を意味する言葉であると。大乗仏教の遠近法《パースペクティヴ》では、仏性は普通は肉体に備わった「煩悩」（「無明」）に覆われてその底にただ潜在的可能性としてしか実存していないのだが、瞑想修行を通じるならば誰によっても悟りの「知恵」として会得されるとみなされる。こうした位置づけをもった「知恵」の観念はグノーシス主義における「知恵」（グノーシス）の観念と極めて類似していると[57]。また大乗仏教の一分派であるタントラ派においてはこの知恵（「般若」）はグノーシスと同様に「母であり、それは世界の万物を生み出す[58]」とされたと指摘している。この点でユングの『アイオーン』は、「自然哲学的なものと神秘思想的なものとが対等の役割を演じているような包括的な世界観」の東洋的形態としてヒンドゥー教の「大我《アートマン》」や老子の「道《タオ》」に注目している。（参照、本書第三章）

さて、ここで私は次のことを強調したい。Ⅰ巻『妬みの神…』の考察を振り返るなら、私のイエス考察の根本的視点をあらわすキーワードは「生命」の概念であった。イエスの教説において「霊」の概念は「生命」の概念につねに置き換えられたし、その「生命」は「永遠の生命」という死と再生・転生の永遠の循環性を生きる植物的生命の不滅性、その永遠性の観念と固く結びついたものであった。このイエスの独自の生命主義は、古代ユダヤ教の思想風土における反対要素、つまり母権的アニミズム的宇宙観と古代ユダヤ教的伝統とのきわめて例外的で独異な一種の混淆、それによる前者の或る種の復権として出現する。これが本書の視点であった。そしてこの生命主義はパウロにも継承――内的矛盾を引き起こしながら――されたものでもあった（参照、Ⅰ巻第Ⅱ部第六章「イエスの生命主義とグノーシス派」の「パウロ的生命主義の問題構造とユダヤ的律法主義との関係」節）。

とはいえ、このイエスの思想の例外性にいちばんよく反応できたのはなんといってもグノーシス派キリスト教であった。彼らは、もともとユダヤ＝キリスト教文化圏とは独立に、その外部のヘレニズム思想圏でまず成立をみたグノーシス主義の神学＝宇宙論を土台にイエス解釈を試みることができたキリスト教分派であった。その彼らの外部性こそがイエスの例外性とのあいだに呼応を生んだのだ。

生命主義という問題の環

この視点からあらためてニーチェを振り返るなら、まさしくこの《生命主義》というテーマこそがそもそもニーチェをあれほどイエスに繋げ、かつあれほど《キリスト教》に対立させたテーマだったことが気づかれよう。しかもまた、次の局面ではニーチェをイエスとの真正面からの対決に追い込むテーマだったことに。暴力の断固たる肯定なくして生命の如何なる肯定もないとするニーチェのディオニュソス的生命主義・強者の生命主義と、愛なくして生命の真の肯定はなく、したがって生命の真の肯定は暴力の肯定とは相容れないとするイエスの生命主義・弱者の生命主義との対立に。

そして、この対立は次の対立、すなわち《道徳》という思惟と行為決断の次元は人間の生にとって真にリアルな不可欠の契機としてあるのか、それとも実は虚妄なる次元をなしていて、自己の救済を目指す生はまさに「善悪の彼岸」に立つべくこの問題次元そのものの存在を否認しなければならないのかという対立、これと一つのものなのである。

というのも、《愛》は本質的に人間を《相互性・共苦・慈悲のモラル》に出会わせるが、ニーチェのディオニュソス的生命主義はまさにそれとは反対に、そのようなモラル的考慮を唾棄すべき《弱さ》とみなし、「善悪の彼岸」に立つ「例外者」の英雄主義的な――自己没落を厭わぬ――生の快楽主義を推奨するものだからだ。そしてこの快楽主義は「高所からの鳥瞰的考察をほしいままにしうる」立場、あらゆる事態の現実の進行を、たとえそこにどのような「種類の〔不完全性〕とそれで受ける苦悩」があろうと、つまり道徳的苦悩があろうと、その苦悩を「同時にまたこのうえなく望ましいものに数えられてよい」と考える立場(59)、それと一つになっていた。

一言でいうなら、イエスは《愛》を選び、《愛》を選ぶが故に《道徳》の次元に留まり続け、彼からは罪の苦悩を生きる人間の運命への連帯・共苦(compassion, Mitleiden)は消えることがない。他方、ニーチェは《愛》を「例外者」が生きる単独者的で英雄主義的なディオニュソス的生命主義の方《かた》へとのりこえるが故に、《罪》という問題自体が虚妄となり非存在化する。(参照、I巻第II部第一章・「汎神論的宇宙神と慈悲の神とは如何に媒介可能か?」節)

ニーチェをイエス拒絶に導くもの——弱者の快楽主義と強者の快楽主義

この問題視点から見るなら、ニーチェのイエス理解はかぎりなくイエス自身のなかにある生命主義の理解に近づくものではあるが、同時に、つねにイエスをニーチェ自身の暴力的なディオニュソス的生命主義の視点の下に包摂する試みであったといえよう。つまり、「善悪の彼岸」に立つ「力」と解された「生の本質」の全的肯定というニーチェ自身の立場にあまりにもイエスを引き寄せ、イエスを「力」の思想の系譜学のなかに取り込み、その一つの里程へと変えようとするものであった。

事実、ニーチェはイエスの精神を指してまずこう書く。「イエスだけが知っている『生』という概念、経験は、彼にあっては、あらゆる種類の言葉、定式、法則、信仰、教義とあいいれない。彼はもっとも内なるものについてのみ語る。〔略〕彼の証明は内的な『光』、内的な快感や自己肯定、純然たる『力の証明』である」[60]（傍点、清）と。とはいえ、そのイエス的な「力」は「あくまでも病的な基礎にもとづいて一歩をすすめた快楽主義の崇高な発展」[61]（傍点、清）と評されるべき限界の内に留まるものなのだ。

この解釈においてニーチェは、イエスにおける「同情・共苦」の倫理・慈悲の倫理を意図的に切り捨て、イエスと自分の超人道徳・主人道徳とを「力」の快楽主義の発展線上に――衰弱した生命の快楽主義から強壮なる生命のそれへの――一列に並べようとし、そのことによってイエスにおける《反・裁き》と《赦し》の思想がいかに《憐れみ・慈悲愛》の思想と固く結ばれているかを意図的に視野の外に追い払おうとしている。

しかも、イエスの「愛敵」思想に深い連帯を示すかに見えたニーチェの思想が、国家的発展を必然化する社会のリアリズムの承認を契機に如何に戦争肯定思想に変貌するか、この事情は先に見たとおりである。

ニーチェの女性嫌悪《ミソジニー》

さらにまた、右に述べた問題に関連して次のことも興味深い。ニーチェのイエス解釈には、新約聖書をごく素朴に読んだ場合に読者が強い印象を得るイエスと女性たちの深い信頼の絆、それが意味するものについて深い洞察を感じさせる言及はまったく存在しない。いましがた述べたように、イエスと仏陀の平和主義を称えるかに見えたニーチェは、彼自身の思想の全体像を真正面から提示する段になるや否やその自分像を突然抹消し、とんぼ返りを打つようにして彼は極度に男性主義的な戦争的宇宙観の喧伝者となる。ジェーン・ハリソン風にいえば、彼の宇宙形而上学の核心をなす「根源的一者」の宇宙ヴィジョン、いいかえれば《デーメーテール＝ディオニュソスの母－息子複合》は、慈愛と養育の絆に結ばれた母子の複合を完璧に無化する形で、「死への欲動」（フロイト）を生きる死と復讐のゴルゴン複合へと一面化されてしまうのだ。（参照、Ｉ巻第Ｉ部第五章「補助線としてのジェーン・ハリソン『ギリシアの神々』」、拙著『大地と十字架――探偵Ｌのニーチェ調書』第三部「母のいない大地」）

このニーチェ思想の最終局面ではあれほど以前には対立せしめられていたはずのイエスと正統キリスト教の創始者パウロが一括りにされ、両者は共に暴力を毛嫌いするその平和主義の柔和な女性性の肯定ゆえに糾弾されもする。『権力への意志』断片二〇五にこうある。

「私があのナザレのイエスやその使徒パウロがあくまで好きになれないのは、〔略〕なぜなら、彼らは、徳と人間とのいっそう価値ある諸性質を悪評におとしいれ、良心のやましさと高貴な魂の自己感情とをたがいに対立せしめ、強い魂の勇敢な、寛大な、大胆な、放埓な傾向をまどわして、ついには自己破滅するにいたらしめてしまったからである」[62]（傍点、清）。

そしてこの暴力主義的遠近法《パースペクティヴ》のなかでは、「復讐の正義」が唯一なる世界原理となる古代ギリシアのホメロス的世界への精神的復帰の要請と、金猛獣的な古代ゲルマン的世界への西欧の復帰要請とは二重写しの関係を結ぶ。『悲劇の誕生』を用意していたニーチェは既に「ホメロスの競争」という名の草稿にこう記していた。

「たとえば古代のもっとも人間らしい人間たるギリシア人は、残虐性、虎狼のごとき殲滅欲、といった一つの性向を具えている。かかる性向は、〔略〕ギリシア人の全歴史および彼らの神話において、近代の人間性という柔弱な概念を抱いて彼らを迎えるわれわれを不安に陥れずには置かないのである。〔略〕この鬱屈せる大気のなかでは、闘争が救済であり、救助である。勝利の残虐性が生の歓呼の極致なのである。」[63]（傍点、清）

そして柔弱なる女性的な西欧に対してニーチェは古代ゲルマン化を要求する。『権力への意志』のなかでニーチェはゲルマン民族がキリスト教化されたことへの痛憤を隠さない。彼によれば、「ゲルマン人はすべての幸福を戦いのうちにみいだしたのである！」[64]。このゲルマン人の生の闘争的・戦士的性格は、古代ギリシア人のなかにニーチェが見いだした性格でもあった。例の「闘争が救済であり、救助である。勝利の残虐性が生の歓呼の極致なのである」という性格だ。先のゲルマン人を論じた断片のなかで、ニーチェはゲルマンのキリスト教化に対して、「すべてのものがまずゲルマン化され、野蛮化されなければならなかったのに！」[65]と憤る。（参照、Ⅰ巻総序・付論「石田英一郎の「文化圏的歴史観」と聖書世界」）

ニーチェの禁欲主義批判

発狂の前年（一八八八年）に執筆された『偶像の黄昏』の最終節の末尾において、ニーチェは自分の思想の根底が彼の哲学的デビュー作『悲劇の誕生』が最初に表明したように、「古代ギリシア的本能」ともいうべきディオニュソス的な永遠回帰の生の意志にこそあると確認し、次のようにキリスト教を弾劾する。――「古代ギリシア的本能」にあっては「生殖による、性の密儀による総体的永世としての真の生」が讃えられ、「この故にギリシア人にとっては性的象徴は畏敬すべき象徴自体であり」、「生殖が、聖なる道として感じとられている」（傍点、ニーチェ）が、これに反して、「キリスト教がはじめて、生に反抗するそのルサンチマンを根底にたずさえて、性欲を何か不潔なものにしてしまった」[66]、と。明らかにこの批判は誰よりもパウロに向けられているものであろう。

しかしながら、この彼のキリスト教批判を、グノーシス派の立てた《妬みの攻撃的感情エネルギーに転化することとなき真にエロス的な性愛は可能か否か》という問いを探照灯として照らし返すならば、この批判はそれ自身のうちにきわめて興味深い彼の矛盾的相貌というものを浮かびあがらすことになろう。

というのも、前述のように、一方では、ニーチェとイエスを反ユダヤ教というテーマのもとに繋げる中心モティーフは妬み・嫉妬の心性からの解放という救済目標にあり、この点においてニーチェ＝イエス＝仏陀を繋げる線はまたグノーシス派とニーチェを繋ぐ線でもあった。そしてまさにこの線上において、妬みに転化することなきエロス的性愛の可能性というグノーシス派のテーマが浮上するわけである。

だが、性愛の本質をどう捉えるかという点では、実はニーチェの性愛観は明らかに古代ユダヤ教に直結し、だからまたパウロにも直結する遠近法をけっして出るものではない。すなわち、およそ性愛とは極度に所有主義的であり、それゆえにまた必ず激しい嫉妬心を産みだす感情エネルギーの源泉であるという観点において、三者は等しい。だから、性欲の肯定はニーチェにあっては暴力的生命エネルギーの断固たる肯定という立場に直結するのである。つまりパウロを逆様にした立場からの肯定であるほかない。

ニーチェの所有主義的性愛観

『悦ばしき知識』一四番はこの問題についてのニーチェの観点を凝縮したものである。彼はまず次のようにいう。「所有への衝迫としての正体をもっとも明瞭にあらわすのは性愛である。愛する者は、じぶんの思い焦がれている人を無条件に独占しようと欲する。彼は相手の身も心をも支配する無条件の主権を得ようと欲する。彼は自分ひとりだけ愛されていることを願うし、また自分が相手の心のなかに最高のものもっとも好ましいものとして住みつき支配しようと望む」[67]と。続けて彼は、愛する者がいかに恋敵の死を願い、また愛する者にとって自分の性愛にかかわることのない世界は如何にどうでもよいものとなるかを縷々指摘した後で、こう皮肉たっぷりに述べる。「われわれは全くのところ次のような事実に驚くしかない、――つまり性愛のこういう荒々しい所有欲と不正が、あらゆる時代におこったと同様に賛美され神聖視されている事実、また実に、ひとびとがこの性愛からエゴイズムの反対物とされる愛の概念を引き出した――愛とはおそらくエゴイズムのもっとも端的率直な表現である筈なのに――という事実に、である」[68]。

この見解は、まさにニーチェの思想の根底をなすディオニュソス主義にそのまま直結する。そして彼のディオニュソス主義は男性主義的な性欲観を根底に置く。『悲劇の誕生』にこうある。「ディオニュソスの祝祭の中心をなすものは極端な性的放縦であった〔略〕ここに放たれたものは、まさに自然のもっとも兇暴な野獣にほかならなかった」、と[69]。『権力への意志』八〇一番で彼は、「とりわけ性欲、陶酔、残酷という三つの要素」、「すべてこれらは人間の最古の祝祭の歓喜に属しており、すべてこれらは同じく最初の『芸術家』においても優勢である」[70]（傍点、ニーチェ）と書き、さらに続けてこう書く。美への欲望とは「完全なもの」への欲望であり、この欲望の起源は性欲である。「芸術と美への憧憬は性欲の恍惚への間接的憧憬であり、この恍惚を性欲は脳髄に伝えるのである」[71]、と。

われわれは、この彼の見解において「性欲、陶酔、残酷という三つの要素」はたんに並列的に三つ挙げられているのではなく、この三要素は相互に浸透しあっていることを見て取らねばならない。つまり、性欲とはそもそも残酷なものであり、かつその残酷性が陶酔をもたらすのであり、最大の陶酔《エクスタシー》は残酷性の快楽だが、その祖型《プロトタイプ》とは性欲であるといったように、三者は総合的＝循環的に把握されているのだ。だから、ニーチェは性欲を「乗馬」への愛にたとえる。「性欲は、圧倒を、専有を欲するが、しかもそれは献身であるかのごとくみえる。根本においてそれは、おのれの『道具』への、おのれの『乗馬』への愛にすぎず、これこれのものは、それを利用することのできる者としてのおのれに所属しているという確信である」[72]（傍点、ニーチェ）。

この観点は、まさにグノーシス派の救済神話『この世の起源について』や『魂の解明』が描きだした観点、地上的で摸像的かつ欠如的な男性における性欲は女性に対するレイプ欲望となって現れるという観点をいわば裏書し、まさにこの観点によって批判される当の男性主義的性欲観そのものということになろう。（参照、Ⅰ巻第Ⅱ部第五章「女性嫌悪に抗するイエスとグノーシス派」）

すると、ニーチェの遠近法からいえば人間の前には次の二つの選択肢しかないということになろう。すなわち、性愛の本質的なサディスティックな暴力性の断乎たる自己肯定か、それともこの強力な生のエネルギーへの自虐的な抑圧（禁欲主義）をとおしてのマゾヒスティックな自己享楽か。

この視界からいえば、後のキリスト教にも引き継がれるところの、そもそも古代ユダヤ教に横溢する女性嫌悪と性愛嫌悪は後者の典型となろう。

ニーチェは僧侶的存在を卓抜にも「ルサンチマンの方向転換者」と名づけた。[73] この命名を借用していえば次の問題の文脈が浮かび上がろう。絶えまなく女性の「所有」に向かう男の「乗馬」的な父権的性欲は、しかし、まさに父権的秩序の下では絶対に「姦淫」に向かってはならないが故にみずから禁じられなければならないが、こうした禁欲におのれを追い込む原因者（二重の意味での父権制）へのルサンチマンは、しかし、まさに発動されてはならないものとして禁じられねばならないが故に「方向転換」されねばならない。つまり、そもそも女と性欲それ自体が憎むべき原因者である、という方向に。さもなくば、「自然のもっとも兇暴な野獣」へとおのれを解放する「極端な性的放縦」あるのみ。かかるそれ自体不毛な二者択一は古代ユダヤ教のみならずニーチェの前にも置かれた二者択一であった。

最後に次の一点を言い添えておきたい。既にⅠ巻『妬みの神…』の「総序」に書いたのだが、『ツァラトゥストラ』や『反キリスト者』を丹念に読めば、そこには若き日にイエスに対してニーチェが抱いた深きに深き親愛の念が歴然としている。だがにもかかわらず、彼が愛着したイエス像のなかにはどこにも聖母マリアの姿は見えず、聖母子像のコンテクストはそこから完璧に剥奪されている。ニーチェのなかのイエスは、夢想のなかに引き籠って自分の小さな生命の輝きと戯れる孤児の相貌において現れる。おそらくそこには幼少年期のニーチェが投影され重ね合わされているにちがいない。しかし、そこには母性愛の温もりが完璧に欠如しているのだ。

こうした問題の全体はとてもここでは扱いきれない。興味をもたれた読者には拙著『大地と十字架──探偵Lのニーチェ調書』を読まれることを提案したい。[*1][*2][*3]

＊1　ユング・フロイト・ニーチェの三者関係　湯浅泰雄は『ユングとキリスト教』のなかでユングとニーチェとの関係について以下のことを指摘している。ユングはバーゼル大学医学部に進学するも哲学書の読書をやめなかったが、その頃のことを回顧する文章のなかで「ニーチェの『ツァラトゥストラ』はゲーテの『ファウスト』と同じく私には重大な体験であった」と語っていること、また「自分はニーチェによって心理学を受け容れる準備をした」と述べていることを。[74]そこから湯浅は、ユングの深層心理学的観点から聖書を読解するという方法の先駆者としてなによりもまずニーチェが考えられねばならないとしている。他方また、ユングの言として、フロイトは彼に対して「ニーチェは一度もよんだことがない」と語り、また「ニーチェをよむなど真平ごめんだ」と語ったことを紹介している。[75]

この湯浅が紹介するニーチェとユングの関係は二重の意味で興味深い。まず、それはいかにユングの観点とニーチェの観点が深い呼応関係を孕んでいるか、またまさにその点でフロイトと正反対であるかを語るものだが、実はユングにフロイトが示したこのニーチェ拒否の姿勢には明らかに自己隠蔽的な要素があると思われる。フロイトはユングにはそういう態度を示したであろうが、またそうしたニーチェ忌避は実際にフロイトが取った態度でもあったろうが、そこにはニーチェが自分が科学的実証的な方法で突き止めようとしていることをいわば思弁的にあまりにも先取りしていることへの悔しさの如き感情、ないし驚きが貼り合わせになっていたといえるのではないか。彼が晩年に書いた『自らを語る』のなかにこうある。自分としては、自我とエスとの関係を論じている「最近の時期」の研究が「まったく思弁のみに身をまかしてしまったというような印象」をもたれるのは実に不本意であり、むしろ逆に症例の実証的観察にいよいよ徹したのだと述べたうえで、彼は「観察から遠ざかっていた時でさえも、わたしは本来の哲学に近づくことは注意して避けたのであった。もともと生まれつき、このようなことに適していないことがそのようなことを控えやすくした」と述懐し、そのうえで、「ニーチェについていえば、彼の予見と洞察とは精神分析が骨を折って得た成果とおどろくほどよく合致する人であるが、いわばそれだからこそなお、それまでながい間避けていたのであった」(傍点、清)と述べ、続けて「優先権よりは公正さを保持することの方が大切だと思われたからであった」と、その忌避の態度を説明している。[76] 洞察の優先権争いに自分を巻込むよりも、自分の実証観察に徹した科学的態度の独立性を保持し、一致は期せずしてのものだということを証明することに意を砕いたということであろう。しかし、この発言は、裏返しにいえば、それだけフロイトがニーチェの思索と自分との合致性を意識していたということを物語るともいい得るのではないか? そもそも避けるということは既に意識していたからこその行為であるはずだ。また彼は既に彼のデビュー作である『夢判断』のなかでニーチェの名を挙げて、ニーチェは「夢を分析することによって、人間の原始的遺産を〔略〕認識する」という観点を早くも明らかにしていたという。[77] この点で、実はユングもフロイトもニーチェからの多大な影響ないし共振の下に聖書問題に取り組んでいるのであり、しかもそのことがフロイトの側からは長くユングに伏せられていたということは、フロイトのユングに対するライバル関係の両義性を物語って余りあるものがある。

＊2 バッハオーフェンとニーチェとの関係をめぐって

私はバッハオーフェンとニーチェとの関係をめぐる上山安敏の考察に一言批評を加えておきたい。上山の『神話と科学』ならびに『フロイトとユング』は、本書の依って立つ根本の視点、すなわち旧約聖書・イエス思想・正統キリスト教・グノーシス派キリスト教の四者関係の全体を《父権的価値体系と母権的価値体系との相克》という視点から考察するという立場（I巻『妬みの神…』総序）にとって重要なかかわりをもつ。というのも、『神話と科学』において彼はバッハオーフェンを念頭にしつつ、「母権制は二〇年代のヨーロッパの精神状況に革命的ともいえる衝撃を与えていた。今日実証的には問題を残し、完全には立証されていない母権制が何故それほどの意味合いをもったのか。それは母権制が、ヨーロッパ市民社会の規範の根底をなしたキリスト教も、教養の土台であったギリシア文化も、揃って父権制原理に支えられていることを確認させたからだ[78]」と実に的確に指摘し、この革命的衝撃が引き起こした「二〇年代のヨーロッパの精神状況」の葛藤性を規定した思考の一方の契機、その父権的な思考の系譜をフロイトとヴェーバーに代表させ、他方の母権的思考の系譜をバッハオーフェンに直結するユングに代表させ[79]、そうすることによってこの葛藤のもつ思想的意味を読み解こうとするからだ。この点で、彼の諸研究は私にとって実に啓発的であったし共感するところも多々あった。

しかしながら敢えていうなら次の点が不満であった。私の観点からいうと、この彼の企てる二〇年代ヨーロッパ精神史研究においてバッハオーフェンとニーチェとのかかわりは両者の同一性のみが強調され、両者のあいだの鋭い対立性が問題になっていないのである。[80] 上山は、両者には重要な交流があり、バッハオーフェンはニーチェの『悲劇の誕生』を評価し、他方ニーチェはバッハオーフェンの『古代墳墓象徴試論』を読み、互いに母権論を論じあっており、「ニーチェがギリシア像を転換させて、オリュンポスの神話から冥府の影を引き出す先達者となり得たこと」にはバッハオーフェンの影響があったことは「十分推察できる」ときわめて重要な指摘をおこなっている。[81] また、この両者のいわば連帯的関係が破れて両者がまったく疎遠になることの原因を上山は次の点に見る。すなわち、バッハオーフェンが母権論の決定的な提起者であるにもかかわらずあくまでキリスト者として留まろうとし、他方ニーチェはその母権的な思考契機を反キリスト教にまで徹底できたことのなかに。[82] この問題性についての上山の認識自体も間違っていない。

とはいえ、それは表面的観察に留まっているというのが私の見解である。ニーチェのディオニュソス主義が反キリスト教にまで徹底されたとき、ニーチェは実はたんに反「キリスト教」者になっているに留まらず、むしろその暴力礼賛の思想によってかつてのイエスへの親愛をも捨て、反「イエス」主義者になっているのである。この点では、上山が言及しているボイムラーの視点、すなわち「ギリシア精神をバハオーフェンは女性から解釈し、ニーチェは男性から解釈した」という視点は的確であるが、[83] 上山自身はこのニーチェの問題性を掘り下げようとはしていない。つまり私の視点からいえば、上山のニーチェ論は本章で私が提起している《「女性原理」主義と「男性原理」主義の極端なる両義的な矛盾的・倒錯的複合体》としてニーチェを考察するという姿勢に欠けるのである。このことは、他面では上山への私の次の不満、すなわち、正統キリスト教の抱えるユダヤ教的体質についての考察がこの体質への謀反者たるイエスと正統キリスト教との批判的対置というニーチェ的テーマにまでは進出していない、という不満と背中合わせに結びついているといえよう。

*3 D・H・ロレンスとニーチェとの異同

ニーチェとロレンスとの異同について触れておきたい。ロレンスの文字通り遺作である『黙示録論』は彼の作家人生の最終局面を支配するテーマ(『翼ある蛇』と『チャタレー夫人の恋人』の二大長編の背後にある)をめぐる思索のエッセンスを凝縮したものであり、しかも、そこには二十世紀西欧の知識人にとって最初の決定的な主題設定となった第一次大戦経験(ロシア革命ならびにドイツ革命を、その直接の帰結として含む)のロレンスにおけるありようが実に深い影を落としている。

実に『黙示録論』に盛られたキリスト教批判は最後の一点を除けば——だがその一点は決定的でもあるのだが——、九分九厘ニーチェのキリスト教批判と軌を一にするものである。すなわち、彼によればキリスト教には「二元的相貌」があり、[84]「一つはイエスに、そして、互いに相愛せよ! という至上命令に中心を置いている」キリスト教であり、「他の一つは〔略〕実にアポカリプスに中心を置くもの」である。[85]後者は、貧民大衆の「達成しそこねた《優越》目標と、その結果惹起されたインフェリオリティ・コンプレックスの表れ」であり、「挫かれ抑圧された集団的自我、すなわち心中の挫かれた権力意識の危険な呻吟が復讐的な響きを伝えている」ものだとされる。[86]

とはいえ、彼とニーチェとのあいだにはイエス像をめぐって重大な相違がある。ロレンスによれば、イエスの教えの本質は、「大いなる優しさと穏和と没我の精神」にあり、それはまた「強さからくる優しさと穏和の精神」とも捉え返され[87]、「諦念と愛」ともいわれる[88]。イエスの宗教はいかなる社会集団的な、あるいは国家的な関係性からも離脱する徹底的な孤独者の宗教であり、その意味で、孤独を生きうる強さをもった「強者」の宗教である[89]。

この最後の一点で、彼とニーチェとの先に見た思想的同一性は正反対の方向へと分岐する。キリスト教のルサンチマン的暴力性へのニーチェの批判は、次の局面では、一転してルサンチマン的性格をもたない金毛獣的＝貴族的な、生命力の強度そのものを表すものとしての暴力性への憧憬に走り、その全肯定へと突き進む。これに対してロレンスはいかなる場合でも黙示録的戦争暴力を肯定することはなく、イエス的愛、つまり深い孤独者の自覚に支えられたその孤独性の相互承認としての愛といたわりの思想を堅持しようとする。

この両者の差異は《力》の思想をめぐる両者の同一性と差異の問題に重なる。ニーチェにとっては「力への意志」こそが「生」の本質であり、生命力の強度こそが《存在》の強度にほかならず、究極においてこの力の強度は個人が「根源的一者」（宇宙生命）と合体するその一体性の度合いによって決定されると考えられた。

ロレンスもまた、個人の《存在》の強度はその生命力の強度にほかならず、その強度は個人の生命力と宇宙生命の一体性の度合いによって決定されると考えた。彼はこの宇宙的生命力を「コスモスの大母性」と形容し[90]、そのシンボルは古来「龍と蛇」であったとする[91]。（念の為にいえば、この両者が共通に問題にした宇宙生命とは、西田のいう「宇宙の内面的統一力」にほかならず、西田ならびにヴェーバーが共に問題にした「神人合一」経験において神から個人へと転入する力にほかならない。)。しかしながら彼は、かかる生命力の発現形態に関しては、それが悪しき暴力的形態を取る場合と、そうではない平和的な抱擁的なおおらかさをもって発現する場合とに重大な差異を見いだそうとした。彼の基本的な視点はこうであった。——現代人は、近代文明の進展の結果、自己意識を過剰化させ精神と肉体との分裂をはなはだしくさせることで、自らの存在を宇宙的全体性から切り離してしまい、そのことで実存的な空虚化に陥り、この空虚を補償的に充填する力の感覚を得ようと暴力——セックス快楽と権力感情の両面にわたる——に誘惑されるに至った。もともと宇宙生命の力とは善悪両義的なカオス的エネルギーであるが、これが創造的エネルギーとして発揮される場合と、破壊的エネルギーとして発揮される場合との相違が正しく認識されねばならない。『黙示録論』は、かかる宇宙生命力の両義的な発現の力学をこう把握する。——身体的な全体直観能力を通路として宇宙生命力と交感しえていた古代的人間の在り方、いいかえれば「人間のうちの古い性質」は、いまや自我という存在仕方を取るという「その新しい性質」に「屈服し、席を譲らねばならない」。これが実はロレンスが考える現代人の実存的問題の核心である。続けて彼はこういう。「屈服することによって、それは陰府に降り行き、いまだ死にもやらず。悪意にみちて、卻《しりぞ》けられながらもなお地界にあって悪の力を維持しつつ、そこに生きつづけるのである」と。つまり、こうして「悪の力」とは「卻《しりぞ》けられた創造力を代表するもの」、その転倒形態なのである。[92] 逆にいえば、もし近代西欧を特徴づける自我的存在様式に対する宇宙生命力の古代的交感様式の「屈服」という事態が撤回され、再び後者が前者に優越するものとして回復するなら、「悪の力」は「悪の力」ではなく、本来の「創造力」として平和的な＝「大いなる」均衡と抱擁性とを示しながらその開花を実現できる。しかしながら、現代の現実はますますそれとは反対の方向を突き進んでおり、それが戦争や強姦の邪悪なる暴力となって発現し、「黙示録」的気分はいまや全世界を覆いつつある。そのもっとも端的な例がロシア革命と第一次大戦の勃発であった。この彼の思索方向は、本書第三章「ユング『ヨブへの答え』を読む」に示すようにユングのそれとほとんど軌を一にしているといってよい。

こうしたロレンスの思惟方向と比較するならば、ニーチェの場合は、力は暴力へと還元され、宇宙的生命力の発現の二形態といった視点は全然存在していないことが鮮明となろう。そのように、両者はきわめて興味深い同一性と差異の複層的関係を示しているのである。

第二章　フロイト『モーセと一神教』を読む

《はじめに》

フロイトの精神分析学が帯びている父権的性格をいかに問題に付すかというテーマは、たんに精神分析学内部の問題ではなく、十九世紀末にその起点を置く現代思想史の抱える内的な問題状況を明らかにするうえで避けて通れぬ根幹的なテーマの一つであろう。この点で、彼の『モーセと一神教』に接して私は強くこう思った。同書に対する批判的注解を書くことは、これまで自分が展開してきた古代ユダヤ教とイエスの思想とのあいだに横たわる亀裂と対立についての考察に、実に興味津々たる一つの側面照射を与えることになるにちがいないと。

古代ユダヤ教とは「モーセ教」である

ヴェーバーの『古代ユダヤ教』を著しく特徴づけるのは、彼がユダヤ民衆と旧約聖書の預言者群をその象徴的体現者とする「純粋ヤハウェ主義」とのあいだに鋭い緊張を見いだし、そのありように一貫して目を注ぐことで、両者の確執、いいかえれば、純粋ヤハウェ主義がユダヤ民族にとってもつ或る種の外部性を強調していることであろう。純粋ヤハウェ主義者のいわば原理主義的なイデオロギー的潔癖さと堅固さによって際立つ姿勢、ヴェーバーの言い方をもってすれば「清教徒」的な、あるいは戦前の日本的な言い方を使えば「主義者」的な姿勢は、裏返しにいえば、彼らがユダヤ民衆にとっては一個の外部存在たることを示す。そのさい、ヴェーバーにあってこの確執の焦点として選びだされたのが、当時なおまだユダヤ民衆に深く浸潤していたバァール＝アシェラ信仰に対する純粋ヤハウェ主義の宗教闘争であったこと、その事情はI巻『妬みの神…』が縷々述べてきたところである。

この点で、フロイトの考察視点もヴェーバーのそれときわめて類似している。だが、かかる外部性に焦点を据えることを梃子に展開する彼の預言者モーセ――まさに預言者群の祖型《プロトタイプ》たる――についての推論は破格である。彼によれば、モーセの思想のユダヤ民族にとっての外部性は、そもそもモーセがユダヤ人ではなくして高貴の出のエジプト人であり[1]、しかも次の企図を抱く人間であったという根幹の事情に因るのである。すなわちその企図とは、エジプトの地においては民衆から全然受け入れられずまったき異端の孤立した思想として留まった一神教思想――後に「イクナートン」とも名のったアメンホーテプ王の創設した「アートン教」――をユダヤ民族に宣教し、エジプト民族ならぬユダヤ民族こそをこのアートン教をおのが宗教とすべき民族として「選民」することにあったと。またモーセはおそらくアメンホーテプ王の血に繋がる者であったにちがいないと。それ故、フロイトはモーセが体現した古代ユダヤ教を――ヴェーバーなら「純粋ヤハウェ主義」と呼ぶところを――「モーセ教」と名づけるのだ。

フロイトは古代ユダヤ教を根本的に特徴づける「選民」の観念について、それは「人間の宗教史上唯一無比」ともいうべき「奇異な印象」をすら与える観念だとし、その理由についてこう述べている。すなわち、「通常の場合、神と民族は分かちがたく結びついていて、両者はそもそもの始源から一体である」。ところが、「選民」という概念は、神が当該の民族を「突然に〔略〕『選び出し』、その民族をおのれの民族であると言明するとの考え」を表しているわけであり、この場面では神は明らかに当該民族の外部からこの民族のもとへ来たということが暗示されていると。[2] つまりフロイトにとっては、ヤハウェがユダヤ民族に敵対する異民族に対して苛酷であるばかりでなく、実はその苛酷さはもう一つの焦点をもち、それはつねに当のユダヤ民族のヤハウェに対する「背信」に据えられているという旧約聖書のドラマツルギーの特質、それはまさにこの隠された事情の倒立的表現として読み取られねばならないのだ。

またここからフロイトはさらに実に大胆なる推測をおこなう。旧約聖書の記述ではモーセはミディアンの地に生まれたユダヤ人なのだが、それは真のモーセのエジプト人たる外来出自を覆い隠すための意図的歪曲であり、[3] この歪曲は、一方では峻厳極まりなき人物として現れながら、他方では憐れみ深い優しい人格として描かれる「聖書のなかの記録に見られるモーセの性格特徴の矛盾」[4]によっても暗示されていると。しかもフロイトはE・D・ゼリンの推論に学び、旧約聖書のなかに次のことを読み解こうともする。すなわち、このエジプトから来た宣教師モーセが彼を嫌悪したユダヤ民衆によって殺害されたことが覆い隠されつつ同時に暗示されてもいることを。[5]

こうしてフロイトの旧約聖書読解を特徴づけるのは、旧約聖書を様々な場面で貫く対象記述の矛盾した「二重性」への注目である。当然ながら、この観点はヤハウェ神の描きだされ方にも表出する。

たとえばフロイトはこう書いている。元来はヤハウェは「火の神」であり、「粗野で傲慢な一地方神、暴力を好み血に飢えたものであった。この神が信者たちに『乳と蜜があふれ流れる』地を与えると約束し、その地に前から住んでいた人びとを『鋭利な刃で』皆殺しにしてしまえと命じたのだ。さまざまの修正が加えられたにもかかわらず、聖書のなかにこの神の元来の本性を教えてくれる多くの文章がそのままに残されているのは奇妙と言ってよいだろう」(6)と。と同時に、このヤハウェはアートン教のたてる峻厳な一神教の神として、旧約聖書のなかで自分に「元来のヤハウエ神とは別の、より高度に精神化された神の観念を与えた」のであり、ヤハウェは「唯一の、全世界を包括する神性、全能の力を有するだけでなく万物を愛で包む神性、一切の儀式や魔術を嫌悪して人間に真理と正義に生きることを至高の目標として定め示した神性の理念」(7)を体現する存在として登場すると。

フロイトの合理主義的ヤハウェ解釈の問題性

ところで、このフロイトの問題解釈は本書の掲げる視点にとっては或る重大な問題性を孕んでいると映る。まずそのことについて予めここで少し触れておこう。

私にはこう思われるのだ。――彼は古代ユダヤ教の一神教としての「高度に精神化された」合理主義的性格を彼自身の抱く合理主義的精神にあまりに引きつけて解釈しており、そのことによって旧約聖書の思想世界を特徴づけるヤハウェ神の「妬みの神」たる性格やその「聖戦」思想の暴力性の孕む問題を、なにかこの思想世界にとって非本質的な問題であるかの如く扱っていると。だからまたこのフロイトの解釈にあっては、古代ユダヤ教とイエスの思想とのあいだにある深刻な亀裂と対立の問題は構造的に抜け落ちてしまっていると思われる（この点で、彼の視点はエーリッヒ・フロムの解釈視点と共通性をもつ。）

少なくとも、「全能の力を有するだけでなく万物を愛で包む神性」はイエスのヤハウェならぬ「父《アッバ》」なる神にはあっても、旧約聖書に登場するヤハウェ神には見いだしえないことは明らかであろう（参照、I巻第I部第六章・「「心砕かれた者」と「残りの者」の関連」節）。こうした問題に対する識別感覚の欠如は、モーセについての破格的推論を遂行する鋭利極まるフロイトを思い浮かべるならば、彼は意図的にそう振る舞っているのではないかと思わせるほどに信じがたい。事実、『モーセと一神教』のなかにはパウロについての鋭利な考察はあっても、イエス論はほとんどないといってよい。私はこの問題をあとでもう一度取りあげるであろう。

さて、先に私はくだんの外部性が醸しだす緊張関係についてのヴェーバーの認識とフロイトのそれとの類似性と相違とを強調した。前者にあっては、それはユダヤ民衆に深く浸潤していたバァール＝アシェラ信仰と純粋ヤハウェ主義との確執であり、後者にあっては、エジプトの元来の民族宗教であるオシリス信仰とアートン教との確執であった。このフロイトが問題にした確執は、私からいわせれば、オシリス信仰におけるアニミズム的宇宙観を基盤とする多神教的でかつ霊魂の不滅＝

再生転生の信仰と、それを真っ向から否定するアートン教の合理主義的性格の色濃い一神教信仰との確執である。この点で、ヴェーバーとフロイト双方の押し出す対立点は重なりあう点が多い。フロイトはモーセのアートン教（＝古代ユダヤ教）とオシリス信仰との対立を次のような語り口で述べている。（その語り口はおのずとフロイトの依って立つ合理主義的で進化論的な近代主義的思考の遠近法《パースペクティヴ》を体現するものでもある。）

エジプトの宗教においては、千差万別の品位と来歴を持つ、ほとんど見渡し難いほど夥しい数の神々が群れている。天と地、太陽と月などの大いなる自然の力が人格化されたもの、また、マート（真理、正義）のように抽象化されたもの、あるいは小人のベスのように戯画化されたもの。しかし大抵なものは国土が数多くの地方に分散していた時代の多くの地方神であり、〔略〕上のような違いの多くは、峻厳な一神教と制約のない多神教との原理上の対立から容易に導き出されるであろう。それ以外の違いは明らかに精神的な水準の差からの帰結である。多神教にあって宗教は原始的な発展段階にかなり近く、一神教は洗練された抽象化の高みへの飛躍を成し遂げてしまっている。〔略〕一方は（モーセ教＝アートン教のこと、清）魔術、妖術のたぐいのもの一切を過酷なまでに断罪するのであるが、エジプトの宗教においては魔術、妖術のたぐいが異様なまでに夥しくはびこっている。あるいは、神々を粘土や石や青銅で具体的に見えるものとして造形することへのエジプト人の飽くなき願望と歓喜が一方にあるわけで、〔略〕他方では、何らかの生き物あるいは思考の産物を像として造形してはならぬという苛烈な禁止がこれに対立している。〔略〕もうひとつ別の対立が二つの宗教のあいだには存在する。エジプト民族以外のいかなる古代民族もエジプト民族ほどには死を否認するために多くの努力をしてないし、彼岸での生存を可能にすべく綿密に配慮したこともない。それゆえ他界の支配者たる死の神オシリスは、エジプトの神々のなかでもっとも大衆に信じられた不動の存在だった。これと反対に、古代ユダヤ教は不死ということを完全に断念していて、死後の生存が持続する可能性などどこでもいつ何時でも述べられたためしがない。（傍点、清）

なお注目すべきことに、フロイトは以上の文章の最後をこう締め括って後のキリスト教の出現を揶揄している。「これを考えると、その後の歴史が教えてくれるわけだが、彼岸の存在への信仰が一神教のひとつときちんと調和しえている事実は、なんとも奇妙としか言いようがない」と。[8]

私として読者にお願いしたいのは、右のフロイトのくだりをⅠ巻『妬みの神…』の視点、すなわち、イエスの思想は《古代ユダヤ教の枠組み内での母権的アニミズム宇宙観への或る種の復権》という意義をもつという視点と突き合わせていただきたいということである。（参照、Ⅰ巻第Ⅱ部第三章・「イエスの「天の王国」表象」節）

集団的無意識としての原父殺しトラウマ

さて、次に私が取り上げたいのは、これまで紹介してきたようなフロイトの旧約聖書解釈がそもそもどんな方法論的土台の上に構築されたものであったかという問題である。というのも、その点にこそ彼の思考の父権的性格というものがきわめて強烈に浮かびあがり、それが古代ユダヤ教の父権的性格と相呼応しあう様子が実に鮮やかだからだ。またそれ故に、彼のいう「より高度に精神化された神の観念」たる一神教のもつ父権的性格というものがおのずとそこに表出してくるからだ。

フロイトは『モーセと一神教』の方法論的土台をなす彼の根本的作業仮説は『トーテムとタブー』が提示したそれであると言明している。フロイトによれば、それは「ダーウィンの報告から出発して、アトキンソンによる推論を取り入れた[9]」ものであった。彼はナチスのユダヤ民族迫害を逃れるためにイギリスに亡命したあと公開することに踏み切った同書の「第二部」のなかで、この仮説の誕生の経緯をいっそう詳しく語るとともに、この仮説こそが同書の方法論的土台にほかならないことを再度強調している[10]。

では、それは如何なるものであったか？

そこでは人類史の初源に原父殺しという出来事が仮定される。かつ、この人類史的出来事は、人間各個人にとって誕生から五歳ぐらいまでの幼年期におけるトラウマ体験に擬することができるそれ、人類の抱える集団的無意識におけるそれとして問題設定される。すなわち個人の場合、そのトラウマ的出来事を一旦個人はおのれの記憶から拭い去ろうと無意識化するのだが、それは暗黙裡にその個人の人生の展開を内面的に制肘する問いかけとなって彼・彼女を脅かし続け、後年になって劇的な形をとってその個人の前に再来し、以後個人を完全に呪縛してしまうという次第になることが多い。それと類似の作用力と出現形態をもって原父殺しという出来事が人類の集団的無意識にまといつくと仮定されるのだ[11]。なおこの点で、実に興味深いことだが、フロイトは明らかにユングの「集合的無意識」の概念を意識しながら、集団の抱える無意識の問題はもともと自分の視界に入っていた問題であるから、右のテーマはことさらユングの功績に帰する事柄ではないと同書で強調し[12]た*。

＊ **抑圧されたものの回帰**　フロイトは、記憶の闇のなかに沈められ無意識化された体験とそれが産む問題が再び閾を払って顕現し、もはや打ち払えぬ決定的な問題として人間に取り憑くに至るという作用過程を「抑圧されたものの回帰」と名づけた。また、この視座の下に個人の成長史と人類の成長史とを類比的に重ねあわせるという総合的視点を打ち立てたこと、それこそが自分の精神分析学の功績であると誇示している。こういう一節もある。「伝承とは、回帰してくるにあたって集団を呪縛してしまうほど強力な現実的影響力を発揮する前に、必ず一度はまず抑圧される運命に服さなければならず、無意識のなかに滞留している状態を耐え抜いてこなければならないものなのである」(同書、一七二頁)

出来事はこう描かれる。「太古の時代、原人たちは小さな群れをつくって生活していたが、いずれの群れも、力の強いひとりの男性原人の支配下にあった」、またこの男性原人は「群れ全体の主人であり父親」であり、彼の権力は「無制約」で、彼はその権力を暴力的に行使した。また、「すべての女性原人は彼の所有物であり、自分の群れの妻たちも娘たちも、おそらくは他の群れから略奪されてきた女性原人たちも、ことごとく彼の所有物であった」[13]と。同書によれば、このいわば《原父権制、太初にありき》ともいうべき仮説をフロイトはダーウィンから取り入れた[14]。

さらにフロイトによればこの原父権制は次の局面を必然化する。《父殺し》というフロイトの思考を生涯捉えて離さないテーマが登場するのはそこにおいてである。「追放されて集まって生活していた兄弟たちが皆で結託して父親を圧倒し打ち殺し、当時の習慣に従って父親を生のままで食らい尽くしてしまった事実[15]」、そして「この食人行為は、父親の一部を体内化することによって父親との同一化を確実なものにする試み[16]」(傍点、清)と理解されるべきこと、かかる原父殺しがその局面にほかならない。彼はこの仮説をアトキンソンから摂取したと述べている。

そして第三局面が来る。すなわち、「父親殺害ののち、兄弟たちが各々父親の遺産を独り占めしようと欲し父親の遺産をめぐって互いに闘争した時代[17]」の到来である。次いで第四局面として、この闘争状態が生みだす共倒れの危機が兄弟たちを「和解と一種の社会契約」へと導き[18]、そこに近親相姦の禁止と族外婚の掟の遵守を制約しあう「兄弟同盟」が形成され、ここに人類史上最初の「社会秩序と道徳律と宗教」が生まれたとされる。

なお興味深いのは、フロイトがこの第四局面は母権制の誕生を導くとしていることである。「父親を片づけたことで宙に浮いてしまった絶対権力のかなりの部分は女性たちのほうに移り行き、母権制の時代が到来した[19]」と。

フロイトによれば、こうした仮説を彼はロバートソン・スミスのトーテム理論から摂取し、そのさいまた次の仮説も継承した。その仮説とは、母権制への移行を容認した「兄弟同盟」は原父の代わりに特定の動物を自分たちのトーテムに据えるトーテム兄弟同盟であったのだが、この同盟のいわば誓約関係を確認する秘儀的祭祀は、年に一度、ふだんは崇拝の対象であったトーテム動物を殺し引き裂いて、それを同盟員一同で饗食することであったこと、そしてこの饗食は象徴化された「父親殺害の厳粛な反復[20]」であり、この伝統はキリスト教の聖体拝受の祭祀——かのワインとパンの饗食をもってイエスの血と肉の分有摂取とみなす——と符合するというものであった[21]。

復活せる原父としての神

では、この遠近法《パースペクティヴ》から見た場合、フロイトにとってモーセ教の出現は何を意味するのか？　一言でいうなら、モーセ教における神とは殺害されし原父の復活なのである。

モーセの一神教を特徴づける「至高の神性」、すなわち多くの神々——しかし度々反抗するほどの自立性はまだ保持している——を従者として束ねるいわばゼウス的主神の権威に満足せず、その唯一性において「いかなる他の神々も並び立つことを許さぬ」絶対的な権力としておのれの神性を呈示する[22]、そのような神性は「原始の群れの父親の栄光が復活した」という意味をもつ。

したがってまた、それはそうした原父的権威に対して子供たちが抱くいわば「積極的」な服従感情の復活でもある。フロイトは次のように述べて神に対する「モーセ教」の生きる服従感情を特徴づける。「驚嘆の念、畏怖の念、恩寵を目の当たりにしたことへの感謝の念――モーセ教は父なる神に対するこの積極的な感情以外のいかなる感情とも無縁である」[23]と。かかる積極的な服従感情はまずもって小児的な「神への服従から生じる陶酔」・「宗教的エクスタシー」として表出したと鋭くもフロイトは指摘している。[24]（オットーなら、それを「ヌミノーゼ」感情と命名するであろう。参照、本書第四章）

しかしながら、まさにフロイトの「原父」仮説の最重要ポイントは、この積極的な服従感情が同時にまた父殺しに突き進む反抗と権力簒奪の欲望へと転化する内的必然性を隠し持つ両価的《アンビヴァレント》性格のものであること、この事情の認識にあった。この点できわめて重要なことは、ユダヤ教ならびにそこから誕生するパウロの「キリスト教」を共々に刺し貫く特徴的な深き罪意識、すなわち自己感情の中心の位置を占めるほどの重みをもつ罪意識の成立を、フロイトがこの服従感情の両価性《アンビヴァレンス》から説明したことである。

フロイトによれば、モーセ教の枠内ではこの隠し持たれた父殺しの欲望はあからさまに表明されるのではなく、倒立的な形で間接的に表出されることとなる。つまり、そうした復讐欲望を自分が潜めていることへの自己処罰の感情として罪意識が前景化し自己感情の中心に据えられるという仕方をとって[25]。フロイトの見るところ、古代ユダヤ教の預言者たちの使命こそはかかる性格の罪意識を信徒たちのあいだに覚醒させることにほかならなかった。

畏怖と反逆、感謝と復讐とのアンビヴァレンスから産まれるこの自己処罰感情の深さ、絶えまなく自己の心理的内奥を探り、そこに処罰すべき自己の内なる《悪》を発見しなければ気がすまない強迫的性格、そこから二つの問題が誕生する。一つはユダヤ＝キリスト教を特徴づける激しい禁欲主義的志向性が促すところの道徳主義的性格であり、第二の問題はこの禁欲主義的道徳主義が《罰せられること》に快楽を見いだすマゾヒズムの性格を帯びるという点である。フロイトはこう述べている。「道徳的禁欲がもたらす新たな陶酔のなかで、人びとは、新たな欲動断念をつぎつぎとおのれに課して行き、結果として、少なくとも教義と掟においては、他の古代民族が近寄れないほどの倫理的高みに到達した」のであり[26]、同時にまた、「この倫理が罰を受けたいという秘められた意図に奉仕しているのも察知される[27]」（傍点、清）と。

パウロによる贖罪宗教への転換

既に本書第一章で触れたように、ニーチェはイエス自身の思想と《キリスト教》の思想とを真逆の主張をおこなうものとして峻別し、かつ後者はその実質においてユダヤ教への先祖返りであり、この変質を引き起こした筆頭の下手人はパウロであるとした。フロイトのパウロ論はこのニーチェの主張との関係においてもきわめて興味深い。

フロイトもまたパウロを、ユダヤ教に固有な右の罪意識の思想を「原罪」観念にまで——さらに重苦しくも曖昧であるが故に、いっそう畏怖的で強迫的な観念へといわば増幅して——高めて引き継いだ最重要の継承者とみている。[28] しかもフロイトにとっても、イエスの磔刑死に、《イエスは「神の息子」でありながら、原罪を負う人間の救済（＝神の赦免）を神に請うためにみずからを供犠として神に差し出した》という解釈を与えた張本人はこのパウロなのである。そして、「原罪と犠牲死による救済[29]」という二つの観念を支柱とするこのパウロの解釈によってこそ、「父の宗教」たるユダヤ教から、実質的に崇拝対象を父なる神から供犠死を引き受けてくれた神の息子たるイエスに移す「息子の宗教」、すなわちキリスト教が誕生したとするのである。[30]

フロイトはこういう言い方をしている。パウロは原父＝神の殺害がもたらす罪意識を「原罪」と名づけることで一方では「正当にもこの意識を歴史以前の源泉へと連れ戻した[31]」が、他方ではそれ自体内容が特定されない曖昧な「原罪」という概念を産みだすことで、この殺害を覆い隠したともいい得ると。またそうすることによって、人びとの関心をこの殺害に向けるのではなく「贖罪のみが空想される」方向へと導いたのだと。

フロイトはさらにこういう。父なる神を殺したが故にかくもわれわれは罪深く、それゆえに罰に苦しむという「真理」の「一端」を、パウロは次の「妄想めいた福音という偽装されたかたち[32]」で表現したと。すなわち、「罪を贖うべくわれわれのなかのひとりの男（しかも、その犠牲となった男を「神の息子」と言明することによって、清）がその命を犠牲として供したゆえにわれわれはあらゆる罪から救済された」という観念、これこそそれであると。フロイトの解釈によれば、パウロはかかる「福音という妄想」によって一方では原父＝神の殺害という「歴史的真理」（いいかえれば、人類の幼年期的なトラウマ的真理）を覆い隠すと同時に、他方では形を変型歪曲して人々の意識に賦活せしめたのであり、そのことによって贖罪を乞う心的エネルギーをいっそう喚起しつつ、同時にそれを神のなす赦免という救済方向に水路づけることに決定的な成功を収めたと。[33]

なおここで、フロイトが『モーセと一神教』のなかで「歪曲 Entstellung」という行為の本質について鋭くもこう指摘していることを紹介しておこう。彼はこう述べている。「原典の歪曲には殺人に似たものがある。難しいのは殺人を行うことではなく、犯行の痕跡を消し去ることなのだ。『歪曲』なる語には二重の意味が与えられてよかろう。〔略〕この語はただ単に外観を変えることを意味するだけでなく、また、別な場所に持っていく、別の方向へ移し置くことをも意味している」（傍点、清）[34]と。贖罪エネルギーは「原父＝神殺し」の認識に向かうのでもなく、また「約束の地」の奪取の戦いに向かうのでもなく、別な「神のなす赦免という救済方向」に向かうことになったとするのだ。

かくてフロイトはこう述べる。「歴史的真理（神の殺害、清）という源泉から妄想のなかに流れ込んできた力でもって、この新たな信仰はあらゆる妨害を圧倒してしまった。いまや解放を約束する救済の信仰が、至福をもたらす選民意識に取って代わった。」[35]

こうした彼のパウロ思想を「妄想」と一蹴する批判論理の運びは、次のことを問わず語りに示すものといえよう。すなわち、彼がキリスト教のみならずイエスの「慈悲と赦しの神」の思想自体をむしろ罪に対する責任意識を曖昧化するものとして評価していないことを。その意味でフロイトは実は厳格な罪罰意識の堅持こそを評価するユダヤ精神の系譜に立つ人間なのだ。（参照、I巻『妬みの神…』第I部第六章・「『イザヤ書』をめぐる問題」節で言及した「代理贖罪」思想をめぐるキリスト教とユダヤ教との評価対立に関する関根清三の注釈、一〇八頁）

イエス論の不在

既に私はこう指摘した。フロイトにはパウロ論はあってもイエス論がない、このことが彼の視点の顕著な特徴である、またこの点は彼の視点のもとでは母権制論が——確かに言及はあるにせよ——実に手薄であることと連動していると。

私はI巻『妬みの神…』においてイエスの思想が古代ユダヤ教とのあいだに重大な亀裂と対立をもつ事情を浮かびあがらすさいに、いわばリトマス試験紙的役割を果たすテーマとして次の諸点を挙げた。それをあらためて列挙するならば以下のとおりである。

一、旧約聖書の提示する「聖戦」思想に対してイエスは如何なる立場に立つか？　二、旧約聖書の提示する姦淫を「石打の刑」による処刑に相当する重犯罪とみなす思想に対してイエスは如何なる立場に立つか？　三、供犠よりも「忠誠」を求める旧約聖書のヤハウェ主義の立場に対してはどうか？　四、「罪と罰」の宗教たる旧約聖書の立場に対してはどうか？　五、死後における霊魂の存続というテーマそれ自体に一切の関心をもたず、カナン人からの「約束の地」の奪還、ユダヤ社会の共同体的性格の維持、父権的長子相続秩序の堅持という明文化（合理化）された「道徳律」の貫徹を最大主題とする旧約聖書の政治的＝社会的道徳主義の立場に対してはどうか？　六、女性嫌悪《ミソジニー》を孕む旧約聖書の男性優位主義に対してはどうか？

右の設問に対するⅠ巻が示した回答は以下の通りであった。

一、イエスは「聖戦」の思想を否定し「汝の敵を愛せ」と説いた。二、イエスは姦淫を「石打の刑」で処罰することに反対し、そのような重犯罪視を否定した。三、供犠よりもイエスが信徒に求めたのは「憐れみの愛」であり、罰することではなく「赦す」ことであった。またそう主張することで、間接的に、「忠誠」を果たさないならば殲滅をもって罰するという「妬みの神」たるヤハウェ神を否定した。四、「罪と罰」の宗教を否定し、代わりに「病と治癒」の宗教を呈示した。すなわち、イエスは「罪」を「病」と捉え返し、その病を癒すことこそが宗教の使命であり、「憐れみの愛」を差し出し「赦す」ことこそが病を癒す最大の手段であるとする視点を切り開いた。五、「裁き」の道徳主義に対して、イエスは《彼のなかに我を見、我のなかに彼を見る》「赦し」の相互主義を主張し、病める魂の治癒こそを最大の主題に掲げると同時に、それを「永遠の生命」の再獲得論として展開した。またそのことによって、此岸と彼岸との関係を生命再生の連続的かつ往還的な過程と捉える視座、反終末論的で現在主義的な、かつ治癒された魂が幼子の如き無垢なる喜びに包まれて憩う解放の非政治的な場として「天国」ヴィジョンを提示した。そのイエスの生命主義は古代アニミズムの魂の再生転生思想への或る種の回帰でもある。六、新約聖書がつねに物語ろうとするのは、イエスが、自分の「赦しと憐れみの愛」の思想のもっとも良き理解者は女性であり、男性信徒よりも女性信徒のほうがはるかに深い理解と堅信を抱くと考えていたことである。また彼は、男に対する女の関係性を本来的に従属的だとする『創世記』の視点を事実上否定し、男女の関係性を対等な愛のエロス的相補性に置き換えた。

では、これらのI巻の論点に照らした場合、フロイトの『モーセと一神教』は如何なる立場を顕わにするか？

フロイトは旧約聖書の「聖戦思想」を批判してはいるが、それを元来モーセ教的一神教には含まれることのない野蛮な地方神ヤハウェ信仰の残存物とみなす。だが、そうすることによってフロイトは二つの問題の所在を曖昧にする。第一に、何であれ、そもそもモーセ教的一神教自体がその観念体系の構造からして本質的に「聖戦思想」を誘発するのではないかという問いの検討を棚上げにし、曖昧化する。第二に、この点でのイエスと新約聖書と旧約聖書との明白なる対立というニーチェやロレンスが立てた問題の検討を回避し、そうした問題を事実上無化する。二、この姦淫をめぐる問題にあれほど性的リビドーを精神分析の核心的主題にしたはずのフロイトはまったく言及していない。三、フロイトは「全能の力を有するだけでなく万物を愛で包む神性」をモーセ教の特質として語ることによって、「愛」の観念を軸に——熱愛《カンナー》か慈悲か——誕生している古代ユダヤ教とイエスの思想との明白なる対立関係を問題化することから遠ざかり、それを曖昧にし、イエスの思想の独自性を掘り下げて浮かびあがらす分析作業を放棄している。四、フロイトは旧約聖書の「罪と罰」の思想はパウロによって「原罪と神による赦免」の思想によって置き換えられたと述べるが、そのさいイエスの慈悲の思想とパウロの思想との差異や対立性を深く徹底的に検証するという分析作業をまったくおこなっていない。また、右の問題を考えるにあたって、そもそもイエスが「罪と罰」の思想を「病と治癒」の思想に置き換えたことの意義を究明することの大事さに気づいていない。五、フロイトは半ば揶揄的にイエスおよびパウロの創始する「キリスト教」に言及して、「彼岸の存在への信仰が一神教のひとつときちんと調和しえている事実は、なんとも奇妙としか言いようがない」(前述)とは述べるが、それ以上に進むことは全然ない。この「奇妙」さを重要問題として掘り下げ、イエスの「天国」表象やその「生命主義」の独特性——その反終末論的性格や古代アニミズム的宇宙観との共振性等——を徹底的に分析しようとする姿勢は全然見せていない。およそ彼にはそういう問題意識自体が欠落している。六、彼にはこうした親女性的な視点と、そこから出てくる反父権的視点が根本的に欠けている。そのことは彼がキリスト教における聖母マリア信仰を一神教の純度という視点からたんなる多神教への後退現象としてしか問題にしていない点にもよく現れている。*

またそのさい、マリアを母性神とみなすかイエスの母であってもたんなる人間とみなすかのグノーシス派と正統キリスト教との論争が正統と異端との弁別を賭けた厳しい対決を構成したこと、そしてこの問いは正統キリスト教の内部で今度はカトリックとプロテスタントとのマリア観念の相違と対立という問題となって再燃するということ、こうしたことへの言及もフロイトには一切ない。以上の事情を指して、私は『モーセと一神教』にはイエス論が根本的に欠落しているとみなす。

＊マリア信仰に対するフロイトの見地

フロイトいわく、「キリスト教はもはや厳密に一神教ではなくなり、周辺の諸民族から数多くの象徴的儀式を受け容れ、偉大なる母性神格をふたたび打ち立て、より低い地位においてであるにせよ、多神教の多くの神々の姿を見え透いた隠しごとをするようなやり方で受容する場を設けてしまった。」しかも彼は、そのことによってキリスト教は「その後二千年間にわたって精神性の展開を著しく制止することになってしまった」と述べる(36)。そこにはマリア信仰に母権的価値の復権を見て評価するというが如き立場はまったく見られない。

母権制論の希薄化

ところで私見によれば、右の問題性はフロイトにおける母権制論の内容的希薄さという問題に深く関係している。

既に述べたように、フロイトは母権制が、また「母性神」が支配的であった時期が人類史上存在したことを認めてはいる。しかし、母権制あるいは母性神の誕生とその消滅の原因に関する傾聴に値する独自な考察というものは彼にはない。母権制のそれに関しては先に紹介したように、原父殺しの後に起きた兄弟殺しが生んだ権力空白期に「父親を片付けたことで宙に浮いてしまった絶対権力のかなりの部分は女性たちの方に移り行き、母権制の時代が到来した(37)」といういわば外在的な指摘がなされているだけである。それ以上の突っ込んだこの移行の論理についての内在的説明というものはない。そもそも、いわば「母権制、太初にありき」の立場をとるバッハオーフェンに――それはライバルのユングのいわば隠された支柱であった――真っ向から挑みかかる気がそもそもない。

他方、バッハオーフェン、エリアーデ、石田英一郎等にあっては、人類の最初期の経済段階――採集経済を脱して農耕の誕生に差し掛かる時期――との深い関連で大地の豊穣祈願と女性の生殖能力崇拝とを重ね合わせる大地母神信仰の誕生が説明されている。かつまたこの信仰が当時の社会状態、すなわち、私有財産制の成立以前の原始共産制的色彩の色濃い社会状態のなかで、男女関係は必然的に乱婚制を許容するものとなり、そこでは母系こそが唯一確かな親子関係となるという社会的事情とも呼応し、祖先崇拝と霊魂の再生信仰を固く結びつけるアニミズム的宇宙観は必然的に大地母神信仰形態と親和的となるといった説明が与えられる。

ところが、フロイトにはこうした内在的な説明をおこなおうとする姿勢は一切なく、《初源の原父権制－息子たちによる父殺しによる倒壊－兄弟殺し的「戦争状態」の出現－父権制の社会契約的制度化を介しての再建》という、あくまでも父権制の死と再生とを原物語《ウア・ヒストリー》＝歴史とする歴史観が据えられたうえで、たんにそのなかのエピソード的な移行期の問題として母権制の存在が形ばかり承認されるに過ぎない。

また確かにフロイトは「母性神」が人類の宗教史の一時期を支配していたことを認めている。たとえば、クレタ文明を筆頭とする古代のエーゲ海周辺地域の宗教を特徴づけるのは大地母神信仰であることを指摘し、その没落の理由を「火の神」たるヤハウェとの関連でこう説明している。「火山の強大な攻撃に抗して彼ら住民の家を守護する力が母性神には欠けている事態が目の当たりにされて、母性神が男性神に席を譲らざるを得なくなった可能性はあったわけで、そこで、火の神が母性神に取って代わる最初の資格を得た」[38]（傍点、清）と。

確かにこのフロイトの指摘には問題の重要な一側面を突いているという面があろう。しかしながら、ヴェーバーが倦まずたゆまず指摘したのは、ユダヤ民族内にあっても、特にその北方イスラエルの農耕部族にあってはバアール信仰の中核をなす大地母神アシェラ（あるいはアシュタロト女神）への信仰が強力に持続していたことであり、その打倒こそが純粋ヤハウェ主義の課題中の課題であったことである。フロイトには、もともと古代の大地母神宗教の存在理由についての深い内在的考察がないから、こうした事情も全然考察の視野に入ってこず、右の説明もそれ自体ごく控えめな一つの仮説の提示に留まっている。到底母性神信仰の倒壊に関する総合的説明ではあり得ない。

母性神の誕生に関しては、大地母神信仰を父権的神格の出現以前、つまり原人段階を脱した人類の最初期の宗教形態とみなす次の一節もある。トーテム動物信仰は厳密な意味での宗教の誕生の前段階を意味するという指摘のあと、フロイトはこう続けている。「この発展のなかで、その段階は容易には特定できないが、偉大なる母性神格が現れてくる。これは恐らくは男性性を有する神々の登場よりも昔の出来事であったろうが、ともかくもその後かなりの期間、母性神格は男性性を有する神々と併存していた。この期間が経過するうちに大きな社会変革が起こった。母権が、ふたたび出現した父権制によって取って代わられたのである[39]」と。

とはいえ、この一節もせいぜいこうした外在的な確認に留まっていて、人類最初期の宗教形態がなぜ大地母神信仰となったのかの理由について、またなぜ再興した父権的宗教によって打倒されることになったのかの理由――おそらく人類が複数部族を統合する国家という制度を必然化する社会段階に入ったことと深く結びついた――について、それ以上の突っ込んだ考察があるわけではない。

以上の意味で、フロイトには父権制の死と再生の物語＝歴史はあっても、母権制のそれはないといい得る。かかる関心不在と父権中心的歴史観がそもそもフロイト精神分析学の心理学的内容と如何なる相互関係を結び、後者の展開をどのように内的に掣肘することになったか、いうまでもなくかかる根本問題がここから誕生してくる。

人間における二つの宗教源泉――ザロメを手がかりとして

最後に私はいましがた指摘した問題ともかかわらせて、ルー・ザロメのきわめて興味深い問題提起を紹介し、フロイト批判をもう一歩推し進めておきたい。というのも、彼女はニーチェやリルケの思想を深く理解するためのいわばキー・パーソンとなる女性であると同時に、フロイトの愛弟子でもあり、かつ父権的男性主義的なフロイト精神分析学から母権的女性主義的な精神分析学の潮流が誕生してくるさいの先導者の一人だからである。

ザロメは「ユダヤ人　イエス」という論文のなかで、宗教研究にあたって非常に重要な方法論的な問題提起をおこなっている。彼女によれば、人間性のなかにはそもそも「自然のままに神々を形成する衝動」が潜んでいるのだが、この衝動は他方の「すでに存在している神々によって形成される衝動」との心理学的な相互作用に入るものなのである。そして、歴史上に実在するそれぞれの宗教はこの両者の相互作用の独特な結果として生成し発展し確立するのである[40]。

では、たとえばユダヤ＝キリスト教はこの相互作用のどういう結果として誕生してくるのか？　ザロメはそこをどう考えるのか？　彼女はそこにユダヤ＝キリスト教特有の人間の自己疎外を見いだす。それは、「人間が、人間が創造した神、人間自身の産物である神のまえに跪くという矛盾」である。どういうことか？　人間性のなかには権力を求め、またそれに従属することをみずから欲する父権的心性《メンタリティー》がある。それが父権的神の表象をおのれの格好の投影対象として発見する。父権的神への拝跪という媒介路をとおして人は自己の内なる父権的心性をいっそう強化するし、また強化せざるを得なくなる。一方では父権的神に拝跪し、他方では子供の前で父は自分をこの神に擬する。父と神とのあいだに生じるこの心理的同一化のキャッチボール過程のもっとも鮮やかな神話的証言こそまさに旧約聖書にほかならない。心理学的次元にまで問題を内面化するならば、そこではヤハウェはユダヤ民族の父祖たるアブラハムに、その後継者イサクに、次の後継者ヤコブに変換され、また後者は遡及的に前者に変換される。

つまりザロメの視点に立てば、問題となる相互作用の父権的な典型こそが古代ユダヤ教であり、フロイトの古代ユダヤ教論（モーセ教論）とはまさにこの父権的な型の相互性に注目したものだということになろう。

いいかえると、われわれは次の問いにぶつかる。では、くだんの相互作用にはもう一つの別の型、つまり母権的な型というものがあるのではないか、あるとすれば、そこには如何なる相互作用が？という問いに。実はザロメはこの問いを論文「ユダヤ人　イエス」のなかではまだ明確に押しだしているとはいえない。しかし、彼女がリルケと共におこなったロシア旅行を振り返り、この旅行がリルケに与えた深甚なる影響を論じた彼女のリルケ論の箇所は実にこの問いに応えるものなのだ。

ザロメによれば、その旅行の影響はまずなによりもリルケの『時祷集』のなかに現れる。そこでは詩と祈りとの二つが、まるで「同一のものとなることによってのみ存在しなければならないような」そうした不可分の一体性を形づくる。[41] 次のような言い方がなされる。「このことは、ちょうど母性という一種の外套のように、『時祷集』があらゆるものにおおいかぶせている神のみ名において可能なのである」（傍点、清）と。[42] ザロメは、右の点をリルケがロシア民衆の抱く神観から学びとったとする。それを読むと、ロシアの神がユダヤ＝キリスト教的な父なる神、主権と裁きの父権的神ではなく、大地母神的な神、いわば絶対的受容の母権的な神であることが痛いほどわかる。「このロシアの神は、とくべつ巨大な主権者として威圧することもなく、またそのことによって、生に恐怖を抱くものの内奥の感情のなかで信じられる神となったものではない。その神は、すべてを妨げたり、あるいはもっとよいものにしたりすることはできないのだ。ロシアの神はいつも私たちの身近にいることだけができるのである」(傍点、清)と。(43)

ザロメはこの個所で端的にこのロシアの母的な神を彼女のいう「ナルシシズムの二重性」の一方の契機、全体融合的契機に結びつけている。「このように、神のなかにいっさい保護されていること、すなわち神のこうした遍在の仕方が、たとえそれがどうであれ、環境を信頼させるようにするのである。そして同様に母胎を前提として所有し、幼年時代と結合とをその母胎内にもっているすべてのものと完全に入りまじることを信頼させるようにするのである」(傍点、清)と。(44)*

＊ 一つの参照事例、沖縄・奄美の「腰当森」の神　仲松弥秀は、沖縄・奄美の民俗のなかでの村の守護神、「御嶽《うたき》の神」についてこう指摘している。彼によれば、この神の住まう御嶽は「腰当森《くさてもい》」とも呼ばれる。なぜかというと、この「腰当」という言葉は「幼児が親の膝に坐っている状態と同じく、村落民が御嶽の神に抱かれ、膝に坐って腰を当て、何等の不安も感ぜずに安心しきって拠りかかっている状態をさしていう」言葉だからだ。この「腰当神」としての「御嶽の神」の特徴とは、それが「真の血縁的氏祖神」である点にあり、沖縄・奄美において神と村民との関係は「切っても切れない親子の関係」以外の何物でもない。そう仲松は力説している(『神と村』伝統と現代社、一九七五年、一五〜一六頁)。この腰当神を包むイメージは明らかに母性神である。

ザロメがロシアの神に見た母性的な神性・神格と通底するものがここにはある。

では、このロシア的神性の議論を先の相互作用論を媒介にしてI巻『妬みの神…』で私が展開してきたイエス論に結合したらどうなるか？

こうではないか？――人間の根源的な宗教的心情、いいかえれば「自然のままに神々を形成する衝動」には、恐怖の権力神を形成する父権的衝動だけでなく、もう一つの衝動がある。それは、世界と自分との絆を母性的な愛のいわば内在的な絆のなかに発見し、もっとも深い肯定、つまり宇宙の世界肯定とそれに抱かれた自己の肯定との一致、《存在》することの絶対的安心を得たいとの希求だ。それは、根源的という意味で、アニミズム的で母性的な原始宗教の体現する神性と原始的で根源的な母性愛を慕う人間性との相互作用である。

他方、そうした母権的な衝動が内に潜む人間たちの前には、先に述べた歴史的原因から大地母神信仰が人間のなかに「すでに存在している神々によって形成される衝動」を喚起する歴史的所与として与えられる。そして、この両者のあいだに前述の相互作用の母権的な型が誕生するのだ。

ザロメは、母性的な神性がロシア民衆の魂に与える安心感を「この根本観念である幼年性と素朴さ」[45]と呼ぶ。またこう指摘する。それは「人間性にひそむ神を創造する気持ち」が包み隠さず打ち明けられた魂の状態を示すものである、と。彼女によれば、リルケに「ロシア人の本質と敬虔さについて」称賛的に語る熱烈な気持ちを起こさせたのはまさに右の事情であった。というのも、かかる根本観念にリルケが打たれたのは、まさにそれが彼にあっては剥奪された当のものだったからだ。「リルケ個人には欠けている原幼年性と原故郷[46]」がこのロシア経験によって彼のもとに「恵与」されたのである。それ故リルケはこのロシア旅行をとおして自分の子供性の回復に差し向けられた。いいかえれば、この旅行こそが『マルテの手記』をリルケにもたらした。そうザロメは語る[47]。

なおここで、私はザロメの観点の先駆性を照らしだすものとして、J・ハーマンがE・エリクソンを引き継いで『心的外傷と回復』のなかで主張した一節、すなわち、人間にとって「ケアされる経験」こそが世界・環境への「基本的信頼」を生みだすという一節を紹介しておきたい。こうある。「世界の中にいて安全であるという感覚、すなわち〈基本的信頼〉は人生の最初期において最初にケアしてくれる人との関係の中でえられるものである。人生そのものと同時に発生するこの信頼感はライフサイクルの全体を通じてその人を支えつづける。それは関係と信仰とのあらゆるシステムの基礎を形づくる。人間の最初の体験はケアされたということであり、このことが人間にその所属する世界のほうを向く力を与えるのである。この世界は人間の生命にやさしい生活となる。基本的信頼感は、人生が切れ目なく連続したものであり、自然には秩序があり、そして超自然的な神の秩序があるという信念の根本である[48]。」

私がI巻『妬みの神…』で追究してきたイエスの思想は古代ユダヤ教との混淆主義を逃れがたく背負わされるとはいえ、その思想ベクトルの方向性においては明らかにザロメのいう相互作用の母権型を志向してはいないだろうか？　そしてフロイトに決定的に欠けていたものはこの母権型の可能性を追う視点であり、その視点からイエス自身の思想と古代ユダヤ教を、さらにいえば——ニーチェやロレンスが示唆するように——パウロの創始した「キリスト教」とも対質させる分析作業なのではなかったろうか？（なおザロメ自身の精神分析学については、参照、I巻『妬みの神…』第II部第六章「イエスの生命主義とグノーシス派」につけた補注「ザロメの精神分析学的治療思想とグノーシス派との類縁性」）

第三章　ユング『ヨブへの答え』を読む

『ヨブへの答え』の位置

フロイトに関しては彼の『モーセと一神教』を取りあげた。ユングに関しては彼の『ヨブへの答え』を取りあげることにしたい。ユング研究者として名高く、この『ヨブへの答え』（みすず書房）の訳者でもある林道義は、同書を「旧約聖書と新約聖書にまたがるユダヤ‐キリスト教の全歴史を貫く人間の心の変容を、意識と無意識のダイナミックスなせめぎあいを通して明らかにするもの」と端的に要約しつつ、ユングがこの解明のキー・ポイントに『ヨブ記』の解釈問題を据え、その解釈に彼自身の心理学を応用し、そこに抉りだされる問題が一九五〇年の「《マリア被昇天》の法王教書」問題にまで繋がることを明らかにした点で、ユングの宗教論的諸著作のなかでも「他に類を見ない最高傑作」であると絶賛している。(1) ただしまた、その根底に置かれたユングの深層心理学的考察方法がなかなか理解されなかったことによって、世間からこれほどに誤解ないしは無理解にさらされた著作もなかったと慨嘆している。(2)

同書が出版されたのは一九五二年だが、その前年にはユングの長年にわたるグノーシス主義研究（それはかのナグ・ハマディ文書の発掘と本格研究の開始に約四半世紀先立つ一九一八年から始まっていた）の集大成である『アイオーン』が出版される。この点で、同書は小著でありながら（原注をいれて翻訳で一六二頁）、まさに思想のもっとも成熟した段階での彼のユダヤ＝キリスト教論であり、これまで縷々繰り広げてきた本書の議論ともたいへん重なる点が多い。

湯浅泰雄のユング論

たとえば、湯浅泰雄はその『ユングとキリスト教』のなかで、ユングの議論の基本的構図をだいたい次のように捉えている。すなわち、ユングは古代ユダヤ教の基調をその著しい父権的性格に見いだしたが、その場合、彼にとってこの父権的性格がもっともよく現れるのは、古代ユダヤ教が「一切の情緒的エロス的関係」を排除した「冷厳でドライな関係」であるところの「純然たる意志的かつ知的な論理のみによる結びつき」だけを重視し、神と人間との関係性もこの観点からだけ語ったという点であり、まさにそれはこの宗教が神と人間との関係を「契約」として設定したことに現れてくると。[3] 他方これに対してイエスの登場とは、古代ユダヤ教がひたすらに排斥することに努めていた《非合理的・情緒的エロス主義》の侵入であり復権という意義をもつ。しかも、この侵入と復権の先行形態が旧約聖書群後期のいわゆる「知恵文学」と呼ばれるジャンルに見いだされる。すなわち、「そこには、オリエント神話の伝統をつよく支配していた地母神信仰の流れが入ってきているといってよい。ここに女性的エロス的要素が入ってきたことは、深層心理学的見地から見た場合、きわめて重要な意義をもつ現象である。それは予言者時代はもちろんヨブ記の段階にもまだ見られなかった新しい要素であって、宗教経験の中心的場所が知的な合理的意識の立場から、次第にその深層にある非合理的な情緒性の領域へと移されてゆく傾向を示しているからである。[4]」（傍点、湯浅）、「ユングの考えによれば、新約における神の『愛』という思想はそういう人間観の精神史的変化と対応して育ってきたものである〔略〕『愛』は男性的意志的な審きの神ヤハウェの性格とは元来異質なものであって、人間心理の普遍的傾向からいって、女性的なるもの・母なるものと結びつけてとらえられるのが自然である[5]」と。

この点で、Ⅰ巻『妬みの神…』の第Ⅱ部第六章「イエスの生命主義とグノーシス派」を中心としてグノーシス派キリスト教に言及した諸箇所に明らかなように、私の理解ではこの問題文脈をもっとも自覚的に体現したキリスト教分派こそがグノーシス派キリスト教だということになる。かかる認識において、私の考察はユングと重なり合うところ大である。たとえば湯浅によっても、古代キリスト教から正統キリスト教が自己確立を成し遂げる過程において、グノーシス派が正統キリスト教にとっての「最大の異端派」となったのは、この派が「旧約の神と新約の神とを区別し、前者は第三の物質界の創造者にすぎないと解し、後者のみが究極のアイオーン界の主宰者であると解した」からであり、彼らはこの究極の神の方を「人間の魂の苦悩に救いをもたらす愛の神」であるとし、他方旧約の神たるヤハウェの方は「人間を苦しめる一種の邪神・悪神と解する[6]」。

ただし後に示すように、前述の変容過程に関するユングの議論はアンビヴァレントな性格に満ちたきわめて複雑なものであり、その両義性は特にキリスト教に関する彼の評価において極まる。この点では以下のことが注目されねばならない。

ユングは『アイオーン』のなかで右の問題文脈の基盤を示すものとして、「グノーシス派の思想体系」が「自然哲学的なものと神秘思想的なものとが対等の役割を演じているような包括的な世界観」[7]である点に読者の注意を促し、かつその点を——あとで見るように彼のいう人間の「自己」と元型《アルケータイプ》的な照応関係を形づくる世界観として——大いに評価し、古代ユダヤ教の展開史を、それがグノーシス派ときわめて類似したカバラ主義を後に産みだすに至るという問題文脈を中心に据えて把握しようとする。

そのさい彼の根幹的視点においては、神をひたすらに「愛と赦しと善の神」としてだけ捉えるキリスト教よりも（あとで示すように、それは、神の「自己意識化」の過程にとって重要な媒介的意義をもつとされるにせよ）、ユダヤ教の方が神を「対立物の結合」の全体性として捉える観点をはるかによく保持していたと評価しもする。いわく、「光と闇とを包含するような全体性を示す自然的な、元型的な象徴表現は、キリスト教的な考えとはある程度矛盾する。しかしヤハウエの神を信奉するユダヤ教的世界観とはほとんど、ないしはまったく矛盾しない。ユダヤ教的世界観は、自然により近く、したがって直接的体験によりよく照応するように思われる。[8]」（傍点、清）

なお右の一節に孕まれる問題に関して私は次の二点に注目する。第一は、既にI巻『妬みの神…』のなかでも触れたが、ユングのかかる評価は古代ユダヤ教のヤハウェ神がなによりも創造主的人格神として立ち現れる事情を後景に退け、むしろこの神を本来は非人格的であるはずの汎神論的宇宙神を擬人化したものとして解釈し問題化するというユングの視点、これに結びついていることである（参照、Ⅰ巻第Ⅰ部第六章「「残酷なる試しの神」としてのヤハウェと預言者のマゾヒズム」・「『ヨブ記』をめぐる問題」節）。第二は、まさにこの点で、ユングの解釈方向は次章で示すようにオットーと重なる点が大であり、ヴェーバーのそれとはほとんど正反対の位置に就くものだということだ。ヴェーバーは古代ユダヤ教の宗教的特質を、――なによりもインド諸宗教との対比を通じて――それが宇宙の全体性に対する審美主義的観想の態度を取ることを排して、人間がみずからの意志に基づく行為によって社会的事態を変革する政治的＝道徳的実践（なによりも戦争行為）に焦点を据える宗教である点に見た。また、まさにヤハウェの創造主的人格神としての性格――「行為の神」（ヴェーバー）――こそこの事情の象徴だとした（参照、本書第四章・「オットーの旧約聖書論」節、また一六〇～一六一頁）。ユングはかかるヴェーバーの視点には本質的に無関心であり、彼にあってはヴェーバーが焦点に据えた諸問題はまったく切り捨てられている。逆の言い方をすれば、ユングがひたすら視点を据えるのはヴェーバーが切り落とした古代ユダヤ教と後のカバラ主義を繋ぐ問題文脈なのである。

さてそこで、ここでは成熟したユングの見解を凝縮すると評価される『ヨブへの答え』に焦点を当て、『アイオーン』も参照しながら、考察を組み立てようと思う。ただし、ユング自身の議論の概要に関しては、同書の議論展開に即した優れた解説の試みが訳者の林道義によってなされているので、その点はこの解説に譲る。ここではこれまで私が聖書論ⅠⅡ巻をとおして展開してきた議論との関連づけに重きを置いてユングの同書について論じたい。

「自己」と「自我」——深層心理学的考察の方法論的土台

ところで、『ヨブへの答え』に立ち入る前にぜひとも取りあげておきたい問題がある。それは、ユングの「自己 Selbst」論、またそれの内容的重点となる「自我 Ich」と「影」の葛藤的ダイナミックスをめぐる問題である。というのも、この「自己」論こそが彼の「深層心理学的考察」という方法論の土台をなすものであり、その基本的骨子を前もって知っておくことは彼の『ヨブ記』論を理解するうえでも必須だからである。冒頭に紹介したように、林はこのユングの方法論への無理解が同書の誤解・無理解を著しく生みだしたとも嘆いた。（また、本章の補注「湯浅泰雄への批判」で示すように、私からすれば湯浅泰雄ですらそれに十分な考慮を払っていない。）

そこで、右の問題に関して私の理解するところをまず簡潔に述べておきたい。以下、ユングが自分の思想の最良の体系的解説として推奨しているエーリッヒ・ノイマンの『意識の起源史』[9]、その第二部・Aの第五章「人格の判断中枢の形成」のなかの「影の形成」節も援用しながら、三点にわたり紹介を試みたい。

第一点は、意識化された「自我」と無意識化された「身体」との葛藤から織りあげられる「自己」の内部構造の問題である。まず知っておかねばならないのは、ユングは「自我 Ich」と「自己 Selbst」という概念を厳密に使い分けるということである。「自我」とは、「自己」の意識化された部分・側面であって、それは日常的世界をわれわれが行為主体として生きる場合のわれわれの存在様態である。自己意識をもち、その自己意識の中軸(「判断中枢」)には自分が受け入れ内面化した道徳的価値意識が据えられ、それに基づいて自分を行為へと突き動かす欲動や現にとっている行動を反省的に意識化し、そうすることで善悪の観点から自他を審判することで、われわれは自分を行為する主体として打ち立てる。つまり、原理的に自我とは反省的(自己意識化する)自我であり、この反省化はおのれの行為についての道徳的判断をめぐって生じるから、それゆえにまた道徳的自我である。

とはいえ、「自己」とはこの「自我」に尽くされるわけではない。「自己」のなかには実はもう一つの「判断中枢」が、自我の判断中枢たる内面化された道徳的価値判断に対立する諸欲動・諸感情を逆に肯定し主張する判断中枢として働き、それは「身体」を意識の監督を超えて思わず動かせしめる衝動、つまり「無意識化」されながらも「身体化」された判断中枢として働く。

ユングが固有の意味を込めて「自己」と呼ぶものは、ノイマンの言葉を援用すれば、相対立する自我の意識化された判断中枢と無意識的＝身体的判断中枢との「総合的全体性」をなす「心《ゼーレ》 Seele」の全体性、そうした「心身統一的な総合的審級」として成り立つ個人の実存様態を指す。後に何度も立ちかえることになるが、「自己」ないし「心」の、この意識と無意識からなる「全体性」という視点はユングの思想のポイント中のポイントである。それはまた「対立物の結合(一致・和合)coincidentia oppositiorum」という言葉に置き換えられる(「全体性としての自己は《定義によれば》つねに《対立物の結合》であり」云々)[10]。さらに具体的にいえば「光と闇」・「善と悪」・「愛と憎悪・

嫉妬・復讐心」等々の対立しあう二項の「結合」という問題に置き換えられる。

「影」の理論の端緒――無意識化が影を生む

この「対立物の結合」としての自己ないし心の全体性の内的なダイナミックな構造をよりよく理解するうえでは、「影」の理論がきわめて重要となる。というのは、ユングのいう無意識的＝身体的判断中枢は自我との関係ではつねに自我の「影」となる存在として、つまり自我に抑圧されながらも、その自我に影のようにつきまとい、自我を脅かし、時には自我の抑圧をはねのけ、自我を圧伏したり破壊したりさえする拮抗力として問題にされるからだ。この自我と影との抑圧と反撃との対立関係がどのような展開形態をとるのか、不毛で自己破滅的な展開をとるのか、それとも逆に――葛藤の果てにせよ――創造的で宥和的な或る均衡を実現できるのか、この問題に関連して、《無意識的なものの意識化》という課題が抑圧的に働く場合と宥和的で対話的に働く場合との区別といった諸問題がユング思想のいわば諸関節となる。

まず自我についていえば、自我は意識化された道徳的判断中枢の担い手であるから、その判断によって忌避される自分のなかの欲動や感情は、これを自分の内なる《悪》として抑圧し、道徳的判断中枢が期待する完全なる《善人》へと自分を高めようとする。だが、そうであるからこそ、この道徳的目標を追求すればするほど、往々、そもそもそのような《悪》たる欲動や感情は自分のうちに存在しないかのように自己欺瞞的に振舞いだすという問題を原理的にしょいこむことになる。つまり、認知化・現前化の反対、その非認知化・非在化・反現前化をおこなおうとする。とはいえそれはそもそも現に自分のうちに存在しているものなのだから、その完全なる無化は期しがたい。つまりは無意識化することになる。前述の無意識的＝身体的判断中枢において働くものとは、自我との対抗関係という問題の場では、この意識的＝道徳的判断中枢から無意識のなかへ追い遣られ、そうされることで《我が内なる悪》とはもはや認知されなくなった欲動や感情ということになる。それ故、自我にはこの無意識化という問題が必ず取り憑くことになる。だからまた次に、いったん無意識化されたものをいかに再意識化するかという問題が誕生することにもなる。

この点でユングにおいてきわめて重要となるのは次の問題関連である。すなわち、自我が《悪》とみなす諸欲動は、それが自我によって無意識化されればされるほど、対立の宥和化の志向性からおのれをもぎ離し自立化と欲動性の増強・過剰化へとますます向かい、暗き無意識の反動衝動となってかえって自我の抑圧作用をいわばその背面から打ち砕く力を獲得してしまうという逆説、これである。(ユングはこの反動衝動機制をヘラクレイトスの哲学から採って「エナンティオドロミー」と名づけた。)

この問題連関からユングの《「影」の理論》が誕生する。道徳主義的自我によって無意識化の対象となる《我が内なる悪》は、無意識化されるにしても、その代わりにこの道徳主義的自我につきまとって離れない「影」となってその否認し難い存在を保持し、主張するのだ。

ユングによる『ヨハネ黙示録』批判

後に再度取りあげるが、正統キリスト教徒の心性《メンタリティー》に対するユングの批判的考察は、右の問題の典型的な現れを『ヨハネ黙示録』のなかに見いだす。神をその「愛と赦しと善の神」の相貌だけにおいて捉え、かくてまたおのれを《悪》と暴力の要素を一分も含まぬ善と愛の精神に横溢した人格に形成しなければならないと考えるキリスト教的自我は、その強迫的な「完全主義」的自己理解によって、(11)かえって、その無意識の領野・層においてはきわめて攻撃的な《敵》憎悪の心性《メンタリティー》をおのれのうちに育む。《悪》を拒絶し憎みそれと闘うという激烈な道徳的な闘争感情・意志・欲動それ自体が、実は「愛と赦しと善の神」が闘おうとする当の《悪》、つまり《敵》憎悪の心性・ルサンチマン的心性なのではないか？　だが、かかる自己懐疑を自分の善性を確信したがっているキリスト教的自我はまさに自分から遠ざける。そういう仕方で、無意識の領野・層に追い遣られた《悪》の欲動はかえってますます凶悪化して、文字通り「アンチ・キリスト」的欲動へと成長し、逆にキリスト教的自我をいわば背後から飲み込んでしまうのではないか？　《敵》なる《悪》への憎悪という仮面を被って。いいかえれば、対立する相手におのれの「影」を投影することでいっそう黒々と《敵》なる《悪》へとその相手を仕立てあげることによって。（他方、ユングはこの影化された《悪》の欲動も、そのように無意識化されるのではなく、もし逆に意識化され「心理学的な面で統合される」ならば、「その影もさほど黒くなってしまうわけではない」と指摘している。[12])
この逆説的転換をユングは前述の如く「エナンティオドロミー」と名づける。彼の言を借りれば、『ヨハネ黙示録』が提出するキリスト像は「まるで愛を説く司祭の『影』のようであり[13]」、そこには「キリスト教の謙遜、忍耐、隣人愛や敵への愛、また天にましますの父とか人間を救う息子や救世主といった、あらゆるイメージの横っつらをはりとばすような、おぞましい光景」、「憎しみ・怒り・復讐・盲目の破壊的憤怒・の正真正銘の狂乱」が噴出し、「無垢や神との愛の交わりの原初の状態へと救い出そうと今まであくせくしてきたこの世界を、血と炎で覆いつくすのである。[14]」(参照、I巻第II部第三章・「『ヨハネ黙示録』の問題性」節)

かくてユングの深層心理学にあっては、《無意識的なものの意識化》による憎悪の暴力的欲動の鎮静化・宥和化というテーマがきわめて重大な位置を占めることが明らかになろう。この点でユングのいう意識化というテーマは二つの相面をもっている。すなわち、自我が無意識化したものをいかに再意識化するかという問題の場面と、そもそもは無意識的であった自己を意識的自己へと成長させるうえで、この意識化作業はどんな困難にぶつかり、どんな過程をとるか、その二つである。

無意識的全体性感覚とその自覚化の弁証法

既に強調したように、ユングのいう「自己」はなによりも前述の如き「対立物の結合」として展開する全体性こそを本質とするものであった。その場合、問題の発生論的順序からいえば、自己はまずおのれの全体性を丸ごと無意識的に生きていたということが初源にあり、ユングの理解では、この水準にある無意識性には相対立する二つの問題契機が織り混ざっている。

一方の問題は、「対立物の結合」をまさに「対立物の和解・宥和」として生きる本能的知恵が人間の生命的な無意識には与えられているが、にもかかわらず、自我はその道徳主義的に硬化した反省的意識の遂行する自己理解によって、この直観的で無意識的な知恵を取り逃してしまうという相面である。だからこそ「自己」の成長にとっては、自分がそれまで無意識的に保持していたこの知恵を意識化することで、自我の自己理解の硬直性を突破しほぐさなければならないという問題が生じる。(なお付言しておこう。ユングにいわせれば、古代のオリエントならびにヘレニズム哲学は、自然的宇宙たるマクロ・コスモスと人間各自の生命のミクロ・コスモスを「元型《アルケータイプ》」照応的に捉える視点に立って、右の宇宙=人間の生命的奥義を示す「知恵」に「ソフィア」という女性の擬人的名称を与えたのだが、この事情こそは、ここでのテーマにとって注目されるべき決定的な事柄なのである。この古代的な照応意識はまさにユングの深層心理学的観点の中枢へと摂取されるのであり、その結果ユングにおいては、人間の「自己」と、宗教のいう「神」と、古代の自然哲学のいう「宇宙」とは元型的な照応関係において把握され、絶えずこの照応性の如何が問題にされることとなる。この点で、たとえばグノーシス主義がユングのきわめて大きな関心と評価を引き起こすことになるのは、「グノーシス派の思想体系」が前述の如く「自然哲学的なものと神秘思想的なものとが対等の役割を演じているような包括的な世界観(15)」を表しているからであり、そこでは「宇宙」の「対立物の結合」としての全体性が同時に「神」として観念され、かつこの全体性の認識《グノーシス》が人間各自を全体的なる「自己」（「原人間」に照応する）の覚醒に導く神的知恵《ソフィア》として問題とされるからである。*）

＊**「自己」との照応関係の諸形態**　『アイオーン』には右の照応関係を語る言葉が溢れている。たとえば、王制の心理学的意味を論じて、「どのような王も、名もない国民一人ひとりのために自己のシンボルをになっている〔略〕王の持つすべての権標は〔略〕王が世界を産み出すばかりではなく世界そのものである宇宙的原人間にほかならないことをよく示している。王はまさに最高人間なのである」（二二四頁）とあるが、この「王」は同時に「神」とのあいだに相互メタファーの関係をもつことはいうまでもない。あるいは、「キリスト教的グノーシス主義の圏内にあっては、キリスト像は原人間（Urmensch＝アダム）という形で神を明示するものであり、人間の典型そのものであった」と（二三〇頁）。

他方の問題は、ちょうどそれと裏腹の関係になる。無意識の状態に留まっている自己の全体性においては、対立的諸要素はまだ自覚的な「結合（一致・和解）」にもたらされておらず、外在的な「併存・同居」の水準に留まっている。問題は、それ故に、それらが必ず対立物の対立性の跛行的な激化へと走り、究極的にはおのれを「対立物の結合」へと自己媒介することになるにせよ、そこに至る過程はきわめて暴力的で残酷な相貌を呈さざるを得なくなるという点にある。後述するが、実はこの無意識的全体性がもつ自己媒介過程の残酷化という問題をいわば自己投影的に象徴的にあらわすのが、ユングにとっては『ヨブ記』に登場してくる「恐るべき神」の問題である。そこに登場するおのれに無意識である「恐るべき神」たるヤハウェを描写するユングの言葉を援用するなら、「分別と無分別とが、慈悲と残忍とが、創造力と破壊の意志とが、隣り合わせに並び、すべてが同居し、どれも他のものを排除しない[16]」水準に留まっている「対立物の結合」体としての神（＝自己）は、おのれに無意識であることによって、前述のように一方ではこの結合性を和解・宥和として生きる本能的知恵を孕みながらも、他方では、破壊的暴力的契機の跛行的展開へと巻き込まれ、対立性の激化・無秩序的併存という暴力的形態においてしかその結合性を維持できない状態へとくりかえし滑落しもするのだ。

だからこそ、問題を人間個人の「自己」の問題へと捉え返すならば、この総体性・全体性を意識化して生き直す術を学び、跛行的展開を回避できるような自制力を養い、この「対立物の結合」のために自分独自のまさに「結合」の名にふさわしい或る独特な均衡的な宥和的な形態を発案創造し、この独特なる均衡の創造をもって対立を如何に賢明に生き抜くかの問題解決とすること、これが必須となる。『アイオーン』にこうある。「自己は、一方においては、無意識の産み出す者の中にいわば先験的に姿を現わす。〔略〕つまり、意識能力や理解力がまだ十分にそなわるよりずっと以前の時期にも登場するということになる。一方また、無意識諸内容との辛抱強い骨の折れる対決を経験し、その対決を経た結果として生じる意識内容と無意識内容との綜合統一、これによってしか『全体性

Ganzheit』は達せられない」[17]。この目標はまた「さまざまな衝動が四方八方勝手気ままな方向に向かおうとするために引き起こされる人格分裂をいわば架橋統合する」ことだともいわれる[18]。

ユングはこの問題の展望を個人の生を導く《生の理念》とし、そのような人格理想に向かう個人の成長過程を「個性化の過程」と名づける[19]。この点で、ユングにとっては《意識化》が生の全体性を跛行的展開から創造的統合へと導くキー・ワードとなる[20]。というのも、このプロセスの核心をなす目標は無意識がもたらす自己の統合性（本能的知恵）をして自覚された真の均衡へと向かわせることだからである。（後に触れるが、こうしたユングの人格理念ないし成長展望にノイマンは「中心志向」という概念を与える。なお、トーマス・マンはゲーテの人格と諸作品のなかにこうした魂の均衡的全体性の自覚的実現を見いだした。マンいわく、ゲーテが体現する「調和・古典性」とは「力業の成果」なのであり、「性格のもろもろの力が作り上げたもの」、「極めて危険な、場合によっては破壊的な資質を克服し、利用し、変容させ、馴致し、善にして偉大なるものに力づくで向かわせる」力であると[21]。（参照、拙著『否定神学と《悪》の文学Ⅱ　マンの『ファウスト博士』とニーチェ』アマゾン・kindle電子書籍、二〇一五年）[*]

＊湯浅泰雄への批判　ここで、湯浅泰雄の『ユングとキリスト教』に対する批判を一言しておく。同書が古代オリエント思想ならびにヘレニズム思想に関する広範な知見をもってユング思想の背景を語り、またユングとグノーシス派キリスト教の思想的親近性を深く解明している点で、

また「無からの創造」という教義を中核とする正統キリスト教の神概念に対する批判的考察を詳細に展開している点でも、啓発的な書であることは間違いない。

とはいえ、ユングの『ヨブへの答え』に関する湯浅の解釈には大きな問題があると思われる。彼によれば同書のユングは、ヤハウェから不条理なる仕打ちを受けるヨブの苦悩の意味を「倫理的応報思想の破綻、すなわち道徳主義の論理の行きづまり」のなかに捉え[22]、古代ユダヤ教のなかに初めて「愛と暴力、そして創造と破壊という、矛盾に満ち満ちた激情的なアンチノミー、反対なるものの統一 **coincidentia oppositiorum** の姿」をとった、ニーチェ風な「アモラル（非道徳な）な力の神」が登場したことに『ヨブ記』の意義を見いだしたとされる[23]。

この湯浅の解釈でいちばん問題なのは、彼が『ヨブへの答え』の中心的主題に据えられている《無意識的なものの意識化》による「個性化過程」の創造的推進というユングの人格思想・理念をほとんど問題にしていないことである。ヨブを『エノク書』を媒介にしてイエスの出現に繋げるユングの解釈、そこでの梃子となるイエスの十字架上の絶望の叫びをヨブの絶望と重ねあわせるユングの解釈、それを、湯浅は「いささか文学的すぎて正確な意味がとりにくい」と述べ[24]、そのあとに彼なりのユング理解を披歴しているが、そこで示される湯浅のユング理解が右に指摘したしたヨブの「道徳的完全主義」の破綻と「アモラル（非道徳な）な力の神」の出現論なのである。

だが、『ヨブへの答え』の核心をなすユングの宗教深層心理学的解釈は、これまで私が本文で縷々紹介した点にあり、ユングは「神」の自己意識化の物語と人間の「自己」の意識化という「個性化」の物語とを「元型」的な相互投影・相互照応の関係として重ねあわせようと試みたのである。しかし、湯浅はこの問題連関をきわめて不十分にしか捉えていない。彼の論述にあっては、ひたすらに律法的道徳的完全主義を目指すユダヤ教的自我にしろ、ひたすらに《愛と赦しと善の精神》の完全主義を目指すキリスト教的自我にしろ、かかる完全主義的自我が「対立物の結合」としての全体性たる神に出会って挫折せざるを得ないという問題局面の強調ばかりがあって、この挫折の問題が根本的にはユングにあっては《自己に無意識なままであった神（＝自己）の自己意識化》という「個性化過程」の展望のなかに埋め込まれているという肝心な事情、これが掬い取られていない。

そもそも、湯浅の『ユングとキリスト教』は次の肝心な問題、すなわち、「愛と希望のシンボル」たる「ソフィア（知恵）」に体現される女性的・母性的なエロス性の契機がどのような関係において「アモラル（非道徳）な神」の「非情」（福永光司）な暴力的表象と一体化し得るのか、かつ、その一体化のなかからソフィアの契機がどのようにしておのれから暴力（嫉妬・破壊・死等々）の契機を拭い去っていわば原理的自立を遂げ、イエスの形象へと転移するのか、だがまたこのイエス化はそれはそれでどういう困難をおのれに内在化せしめるのか、こうした構造的力学についてはほとんど納得のゆく説明を与えていないと私の眼には映る。湯浅の論述がこうした弱点を抱えるのも、先に述べた『ヨブへの答え』の核心的内容をなす問題連関が湯浅にあっては明確に主題的に把握されてないことに起因すると思われる。また、こうした点に関連して、ユングが如何に西欧文化のキリスト教的基盤について鋭い意識をもち、ヒンドゥー教の「大我」や道教の「道」の世界観との相違性を意識し、キリスト教的伝統のポジティヴな側面をみずからの「個性化」という人格理念に引き継いでいるかという事情、これを明確に浮かびあがらす点でも、湯浅の論述には不足がある。

もっとも、湯浅がこうした点で不鮮明になるそもそもの要因は、本文中でも指摘したとおり、「汎神論的宇宙神」の人格化という問題が孕む論理的アポリアに対するユング自身の曖昧性に起因している、と私は考える。（参照、本章・「汎神論的宇宙神の人格化という問題」節）

キリスト教的自我としての西欧的自我――「影」理論の源泉

さて、こういう問題の全体的眺望を確認したうえで、あらためて西欧文明が生みだした人間の抱える問題に戻るならば、問題の中核をなすのは、キリスト教的自我の形成とこの自我がおのれに加えるくだんの道徳主義的な「無意識化」（非認知化）をめぐる問題となることはいうまでもない。既に紹介したように、ニーチェは「キリスト教こそ、道徳的主題の図式化としては、従来人類の傾聴することを得たもっとも放埒極まるもの」という言い方で、キリスト教の強烈な道徳主義的性格を批判した。(25) ユングの問題とする自我とは、まさにこうしたキリスト教が育成したところの道徳主義的性格の強烈な西欧的自我にほかならない。そして、この自我に必然的に随伴して浮かびあがる問題こそが《影》の問題であった。既に述べたように、道徳的自我が無意識化しようとし、しかし、それにもかかわらず無化できないところの、かくて無意識のうちに保持されることとなるおのれの内なる《悪》の総称、それが「影」である。西欧的自我は、その道徳的「完全主義」の志向の故に

特有の強度においておのれの「影」を随伴する[26]

なおこの点でつけくわえておきたい。ユングは『アイオーン』のなかで、「自己」＝「神」＝自然宇宙の元型的照応を主張するグノーシス派の思想体系にきわめて類似した、そのいわば東洋的形態としてヒンドゥー教の「大我《アートマン》」や老子の「道《タオ》」に注目している。[27]

とはいえ他方では、彼は次のことを強調してやまない。すなわち、西欧文化がなんといってもキリスト教を基盤とするものであり、この点で西欧においては右の照応的世界観はたえまなく彼のいう「自我」の立場との鋭い葛藤を形成するという点で、東洋思想には存在しない問題文脈が形成されるということを。「自己」の全体性は一言でいえば善と悪との「対立物の結合」にほかならないのだが、しかし、この「結合」は西欧においてはいわば未完の課題としてきわめて鋭い緊張・葛藤においてしか追求され得ず、イエスの磔刑像は、イエスを彼と共に磔となった強盗二人のあいだに「宙吊り」された姿において示すことによって、この葛藤性のメタファーとなっているとする。ユングいわく。「キリスト教的心理におけるかかる対立関係のきびしさは、倫理面での切迫した対立関係にもとづく。このような倫理面の鋭い対立はわれわれには当然のことだと思われる。歴史的に見れば、これは旧約聖書の遺産、つまり律法の公正に端を発しているのである。このような特殊な影響は、とくに東洋、つまりインドや中国の哲学的宗教には見られない。[28]」（傍点、清）

つまり、「自己」―「自我」―「影」の三範疇からなるユングの深層心理学とは、他の文化圏の抱える心理学的問題へのさまざまな示唆を含むとはいえ、なによりも西欧のキリスト教的自我に対

料金受取人払

牛込局承認

7198

差出有効期間
平成29年6月
21日まで

郵便はがき

1 6 2-8 7 9 0

東京都新宿区
早稲田鶴巻町五二三番地

（受取人）

株式会社 藤原書店 行

ご購入ありがとうございました。このカードは小社の今後の刊行計画および新刊等のご案内の資料といたします。ご記入のうえ、ご投函ください。

お名前	年齢
ご住所 〒 TEL E-mail	
ご職業（または学校・学年、できるだけくわしくお書き下さい）	
所属グループ・団体名 連絡先	
本書をお買い求めの書店 市区郡町 書店	■新刊案内のご希望 □ある □ない ■図書目録のご希望 □ある □ない ■小社主催の催し物案内のご希望 □ある □ない

書名

読者カード

●本書のご感想および今後の出版へのご意見・ご希望など、お書きください。
（小社PR誌『機』に「読者の声」として掲載させて戴く場合もございます。）

■本書をお求めの動機。広告・書評には新聞・雑誌名もお書き添えください。
□店頭でみて　□広告　□書評・紹介記事　□その他
□小社の案内で　（　）　（　）　（　）

■ご購読の新聞・雑誌名

■小社の出版案内を送って欲しい友人・知人のお名前・ご住所

お名前　ご住所　〒

□購入申込書（小社刊行物のご注文にご利用ください。その際書店名を必ずご記入ください。）

書名　冊	書名　冊
書名　冊	書名　冊

ご指定書店名　住所

都道府県　市区郡町

する心理学的な自己批判＝反省の所産として誕生したものなのだ。

影的判断中枢の二つの位相

さて、議論を「影」の問題に戻すと、こうした影的位置に就く判断中枢としてユングがまず問題にするのは、男性的自我にとっての無意識化された女性的判断中枢としての「アニマ」であり、女性的自我にとっての無意識化された男性的判断中枢としての「アニムス」である。現代的にいえば当該社会のジェンダー要求のなかで男性において無意識化の圧力のもとに追い遣られるものがアニマであり、女性の場合がアニムスである。この視点は、人間を身体的性差を超えて根源的に両性具有的という意味で全体的な存在として考察しようとするユングならではのものだ。だから彼にとって、「原人間＝アダム」を両性具有的存在として問題設定するグノーシス派の人間観は深層心理学的意義に富んだきわめて範例的なものなのである。

とはいえ、当然それ以外にもさまざまな「影」的な無意識的判断中枢の存在が、その自我の内面化した道徳的価値観の黒き相関者として問題となる。この点で問題の次の捉え返しが重要となる。すなわち、道徳的価値観の内面化問題とは《個人の集団への帰属可能性をめぐる問題》にほかならないという社会学的な問題連関への注目である。つまり、「影」は次の過程から生まれるものとして捉え返されねばならない。――個人が或る集団に帰属するとき、個人の内面にその集団が文化的に無価値ないし反価値・《悪》とみなす要素が存在していた場合には、個人は帰属集団に自分を順応せしめるために、それらの要素を自己否定し、自我の安定性を保持するためにはさらにそれを自我という審級から追い払って自分の「個人的無意識」のなかに追い遣る。まさにこの追い遣られた否定的諸要素が形づくるものこそが「影」にほかならなかった。

　この点でさらに重要となるのは、同時にこの否定的諸要素は「集団的無意識の敵対者像によっても布置される」に至るという問題の連関である。つまり、それらは自分自身から疎隔化され、帰属集団が自分の《敵》とみなす相手集団を特徴づける要素へと変換され、他者化され、敵対集団像のなかに投影・投射されるのである。その《悪》は彼ら敵対集団にこそ固有であって、我らにはそもそも存在しないというように。とはいえ、かかる否認は実は最終的には不可能だ。否認欲望とその不可能性とのこの葛藤から「影」が生まれる。それら否認されるべき諸要素は今度は「影」となって、つまり自分（たち）にも内属するのではないかという不安となって意識にまとわりつき、自分を脅かす。だが、だからこそそれはますます《敵》にのみ固有な要素として自分自身から他者化され疎隔化されねばならない。自分の「影」を敵対集団の相貌に投射しなすりつけ、それをこの「影」によってますます暗黒化し、そうすることによっておのれ自身からは疎隔化する。かくて、敵は《悪》の化身であり、我らは《善》の化身であるとのマニ教主義的な彼我像が確立する。かかる悪循環が始まるのだ。

　既に言及したように、この《敵》化の心理メカニズムのいわば祖型《プロトタイプ》的表出をユングは『ヨハネ黙示録』のなかに確認すると同時に、D・H・ロレンスと同様その大規模なる再発動を二十世紀の戦争と革命を貫く「聖戦」のメンタリティーのなかに発見するのである。そしてこの認識こそが、『ヨブへの答え』を貫くユングの時代精神の所在となる。だが、この点についてはまたあとで触れることにしよう。

「影」との積極的対話こそが「自己の個性化的発展」を導く

ところで、このユングの「影」の理論に関してもう一点強調されねばならないことがある。それは、これまで縷々述べてきたことからして、彼の理論はそもそも「影が人格全体に作用するのは、それが自我を補償する機能を持っているからである」[29]（傍点、清）という観点にこそ立つものだという点である。というのも、道徳主義的自我によって「影」とされる、この自我にとっての否定的諸要素こそ、かえって道徳主義的自我の硬直した一面性を補償する当の要素であり、その非現前化ならぬ意識化＝承認化をとおしてこの否定的要素との対話関係に入り、かくすることで真の深い意味での、つまり自覚された「対立物の結合（一致・和解）」（外在的併存・同居ではないところの）に向かうこと（「均衡のとれた状態を維持する」[30]）そこにこそ「自己」の成長・成熟があるというのが、ユングの人格理念だからだ。

既に示唆しておいたが、ユングの「個性化過程」の概念が立脚する人格理念にあっては、意識化された自我と無意識化された身体との、相対立する二つの判断中枢のもっとも創造的な形での自覚的総合化が目指される。この総合化の志向は「中心志向」と名づけられる。すなわち、「中心志向の働きは生命体の統一性を創造的に発達させることにある」[31]。この総合化は、融解による対立性の解消でもなく、かといってもちろん対立の過剰化による統一性の解体でもない。かかる「中心志向」は人間の生命に本能的な自然的な知恵として備わっているものであると同時に、理論としてのユング思想は、この人間生命に本来的に備わっている志向の自覚としておのれを打ちたて、それをもってかくあるべき人格性の理念、究極的な価値規準・成熟規準ともする。

後に見るように、ユングはこの「中心志向」に与えられた神話的形象の一つが『ヨハネ福音書』(一四・一六〜一七)に登場する、「父」なる神がイエス死後にイエスの代わりとして人間たちに遣わす「真理の御霊」たる「助け主(パラクレート)」だとし、それが担う「真理」とは――ユング心理学的にいえば――この「中心志向」の担う「対立物の結合」志向のことだとする。[32]ここで幾つかノイマンの言葉を引いておこう。

ノイマンによれば、この「中心志向」は、自我が過剰に自立化して「身体と敵対しよそよそしくなろうとする傾向」を示す場合には、「鉛の塊すなわち影という錘」を自我につけて、この自我の過剰な自立化(=観念化)をいわば中和化しようとする。また個人が帰属集団へ過剰適応して、自分の個性・独異性の自己否定へと走り、集団帰属化が強制する感受性や思考を「一般化し公準化しようとする傾向」に走る場合、その個性・独異性を「影」として個人に送り返すことによって、個人が過剰適応に呑み込まれてしまわないように気遣う。ノイマンはこう書いている。「影という人格判断中枢の形成は、神話の心理学において取り上げた敵対者像の同入と関係している。意識の中へ悪を同化し攻撃傾向を取り込むことは影の像を巡っておこなわれる。『闇の兄弟』は未開人の藪の霊魂と同様に影の側面のシンボルである。人格のこうした闇の側面を取り込むことによって初めて、人格はいわゆる『防衛力』をもつ。人格の悪の性質は――いかなる文化規範に関わるものであれ――、利己主義・防衛や攻撃への即応態勢・最後に集団から自らを際立たせ自らの個性的な『特殊性』を共同態の平均化要求に対して守り貫き通す能力・として、個性の必須要素となっている。影によって人格は無意識という大地圏に根ざす。影の敵対者像元型・悪魔元型・との結びつきは、真の意味でつねに生き生きとした人格の根底的創造的基盤の一部をなしている。それゆえ神話の中では影はしばしば双生児としても登場する。すなわち影は『敵対する兄弟』であるに止まらず仲間や友人でもあるため、双生児兄弟が影なのかそれとも自己・不死の「他者」・なのかを区別できなくなることもしばしばである」[33]（傍点、清）と。

そして、ノイマンは次の総括的見通しを右の一節のあとに続けている。

「こうしたパラドックスには、上なるイメージと下なるイメージはお互いを映す鏡であるという昔の諺が働いている。心理的発達において影の中に自己が隠されており、影は、『門番』・入口の万人・である。自己へと到る道は必ず影を通り抜け、影が表す暗い性質の背後にこそ全体性が存在し、影と親しむことによってのみ自己とも親しめるようになるのである」[34]（傍点、清）と。

この右に引用した観点こそがユングの観点の特徴となる。最初は「敵対者像元型・悪魔元型」の姿をとって現れる表象も、右の「影と親しむことによってのみ自己とも親しめるようになる」という回路のなかへと導入されるにしたがって、当該の自我にとっての対立性を緩和化・減弱化し、相互支持と補完の連関が前景化されるに応じて補償的因子として受容可能な表象へと変容し、そうすることで自我は「自己」が担う相互補償的・支持的な全体性連関のもつ真の姿をようやく認識可能になる。

ユングの思想を特徴づけるのは、こうした自己認識の成長を駆動する運動性への視点である。逆にいえば、当該の自我がおのれの「影」を《敵》へと疎隔化する程度が激しいほど、「影」のもつ悪性は過剰化して自我の目に映るのであり、その《敵》性はますます激化して、それとの対話回路を開くことはますます不可能となる。だからこそ逆に、こうした悪循環を切断して、如何に「影」との対話の回路を開いて「自己」の担う全体性連関へと目を開く認識の好循環的拡張へと進出するか、このことが問題とされねばならない。（おそらくユングは、かのイエスの「汝の敵を愛せ」に込められたメッセージをこうした認識態度の転換の要請のうちに見たと思われる。後に私はかかる視点をもつことの重要性をしかるべき箇所で再度論じるであろう。）

さて既に指摘したように、右に縷々跡づけてきたユングの「自己」の問題構造は、実は「神」と「自然宇宙」の問題構造とのあいだに元型的な相互転移の関係をもつものとして設定されていた。しかも、かかる深層心理学的観点は、既に指摘したように、なによりもキリスト教的自我の抱える問題の自己切開を導く観点として設定されたものであった。では、それを視点にユダヤ＝キリスト教問題の全体構造を考察するならば、どのような議論が展開することになるのか？
実は、これこそ『ヨブへの答え』が示すところのものなのだ。

ユングにとっての『ヨブ記』——神はおのれの暗黒面にいかに対峙し得るか？

『ヨブ記』の宗教深層心理学的意義はどこにあるのか？『ヨブへの答え』がまず最初に掲げるのはこの問いにほかならない。そして、その意義とは一言でいえば次の点にある。すなわち『ヨブ記』においてこそ、神はヨブを仲立ち・媒介者とすることによって、おのれの「暗黒面」に如何にみずから対峙し得るかという問いに初めて決定的な仕方で導かれるという点に。そして、ユングの宗教心理学的観点にとっては《神》とは実は人間における「自己」の元型《アルケータイプ》的象徴、そのメタファーにほかならない。つまり『ヨブ記』は、神とヨブとの物語に託して、人間におけるくだんの「自己」の「個性化過程」が孕む中枢的課題が語られるメタファー的物語として読み解かれねばならないのだ。

実際旧約聖書において神ヤハウェは「妬みの神」以外の何者でもなかった。その事情は先にその一部を引用した言葉を用いれば、ユングによって次のように把握される。「彼は自ら、怒りと嫉妬が身を焼き尽くし、それに気がつくのが辛いと告白していた。分別と無分別とが、慈悲と残忍とが、創造力と破壊の意志とが、隣り合わせに並んでいた。すべてが同居していて、どれも他のものを排除しなかった」と。[35] こうした神の在り方は、ユングによれば、「反省的意識が存在しない」か、あったとしてもほとんど無効に近い場合をあらわし、それは「非道徳《アモラル》」と名付けるほかない在り方である。

『ヨブ記』においてはその事情が頂点に達する。神ヤハウェは自分にもっとも忠実なるヨブにすら、否、というよりもそうした彼だからこそ、いっそうその忠誠を試してみたいとの残忍極まる非道な欲望にそそられ（古代ユダヤ教では、まだなお彼の息子でもあるとされていた天使サタンによって）、ヨブに耐え難い不条理極まる不幸を負わせてさらに彼の忠誠を試そうとする。つまり、『ヨブ記』において神ヤハウェの残忍な側面・サディズムは特別に際立つのであり、彼の「非道徳」性が剥きだしとなる。

とはいえ、ユングが強調するのはこの問題の側面だけではない。冒頭に述べたように、ヤハウェは、しかし、彼が残忍に処遇する当のヨブを仲立ちにすることで《おのれの「暗黒面」に如何にみずから対峙し得るかという問いに初めて決定的な仕方で導かれる》のである。言い方を換えれば、ヨブは神を自己意識化へと導く偉大な役割を人間でありながら果たせるほどに高貴な存在として『ヨブ記』のなかに登場してくる。ユングは『ヨブ記』が与えるヨブについての叙述を詳しく分析し、こう指摘する。すなわち、ヨブは予期せざる神の暗黒面に出会わされ言葉を失いながらも、それでも「正義と道徳をひっさげて神の前に立つという考えを捨て切れない」男として描かれていると。さらにそのことを独自に解釈して（その独自性こそ、実は前章で縷々紹介したユング自身の思想の投影なのだが）こう捉える。

——「ヨブのもっともすばらしいところ」は、神の暗黒面に直面しながらも、「神の一体性を見誤ることなく、神自身が自らと矛盾していることを、しかも彼ヨブが神の中に神に対して彼を助け弁護する存在のいることを確信できるほどに神が全体的であることを、はっきりと見ている」点であると。[36]ユングは右にいう神の自己矛盾性を、「分裂しているというよりは、むしろ一個の二律背反」、「全存在にかかわる内的対立」とも形容している。[37]

くりかえしいう。ユングにとって《神》は「自己」のメタファーである。無意識的自己は「非道徳」的で自己破壊的な暴力性を抱え、七転八倒している荒ぶる自己であるが、それでも、後に「個性化過程」を経た個人が獲得するはずの術、自己の全体性を宥和的・均衡的に自覚的に生きる術の土台となるソフィア的な本能的叡智もまた孕んでいる。神とヨブのかかわりを論じるユングの議論を読むとき、われわれはつねに「神」を「自己」に読み換え、彼の議論を逐次辿り直す必要がある。

ヨブは、一見ヤハウェの「恐るべき神」の相貌に圧倒され降伏しているように見えながらも、ヤハウェの不正義と残忍を——ヤハウェ自身の正義と慈悲に基づいて——問い質す視線を失っていない男と描かれており、そのことはヨブ（＝人間）が神に勝る自己意識化の能力、つまりは道徳の能力をもつことを示す。このユングの解釈においては、ヨブは神が自己を映す鏡の役割において把握される。「ヤハウェは疑わしい顔をヨブに投影しており、その顔を彼は好まない、なぜならそれは自分自身の顔であり、彼を密かな批判の眼で見つめているからである。彼はその顔を恐れている」。[38]

かくて、『ヨブ記』の物語において「ヨブとは神の内面的な対決（自己との、清）を起こすための外的な契機にすぎない[39]」。

つまり、人間はくだんの「個性化過程」に進出し得るためにはヨブ的存在を必ずおのれの傍らに必要とする。

イエスの先駆形態としてのヨブ

この問題文脈において注目すべきは、ユングはかかるヨブの存在を後のイエスの出現のいわば先駆形態として解釈していることである。彼はマルコ、マタイの両福音書が伝える十字架につけられたイエスのかの絶望の叫び「わが神、わが神、どうして私をお見捨てになったのか？」を、ヨブの叫びの再来という意味をもっと解釈している。いましがた見たように、彼の解釈では、神の理不尽な仕打ちに対するヨブの絶望的な抗議を媒介にして神は初めて自分の孕む残酷さに気づき、それの意識化へと導かれるが、そのような役割を果たすことでヨブという人間的存在は「神性」を獲得する。「わが神、わが神、どうして私をお見捨てになったのか？」というヨブの問いに対して神が与える答えとは、《神たる我の自己意識化を産みだすかけがえのない犠牲という「神性」を帯びた役割を、ヨブよ、おまえは果たした》という認知にあるとするのだ。そして、この役割においてヨブとイエスとは重なり、イエスはヨブが予告する神の在り方の転換――「恐るべき神」から「愛と赦しと善の神」への転換――の成就者の位置に就くとされるのである。ユングは、かのイエスの絶望の叫びを引用したあと、それを指してこう続けている。「ここにおいて、すなわち神が死すべき人間を体験し、彼が忠実な僕《しもべ》ヨブに耐え忍ばせたことを経験する瞬間に、彼の人間的な存在は神性を獲得するのである。ここにおいてヨブへの答えが与えられる」（傍点、清）と。[40] つまり、ユングの解釈では「ヨブへの答え」とはイエスの出現であり、別言すれば旧約聖書の新約聖書への転換、キリスト教の誕生ということになる。かくてユングはかの「個性化過程」の理念に基づきこういう。「キリストの一生は、神の一生と人間の一生とが同時に生きられるなら、そうなるはずであるという、まさにそのようなものである。それは一つのシンボル、相い異なる性質の合成であり、言うなればヨブとヤハウェが結合して一つの人格になったかのようである。人間になるというヤハウェの意図はヨブとの確執から生じたものであるが、それがいまキリストの人生と苦悩の中で成就するのである。[41]」つまり、ユングにとってはイエスの出現は、《人はおのれの「自己」を、その真の自覚化を目指す「個性化過程」に乗り出させてこそ、真の自己実現に達する成長を勝ち得る》というメッセージのメタファーなのだ。

このユングの解釈の独自性は、一般的なキリスト教の理解（「救済の業についての伝統的な見解[42]」、つまりはパウロが確立した解釈）では、十字架上のイエスの死は人間の原罪の償いを神に対しておこなう贖罪の業と解釈されるのを、逆に「人間に対する神の不正の償い」と見る点に如何なく発揮されている。神ヤハウェはこれまでの「恐るべき神」として自分が人間に対してなした不正を、自分の息子イエスを人間に変え（受肉させ）人間の世に遣わし、十字架の上での「人間の死」の苦悶を味わわせ、それを媒介にみずからもまたそれを味わうという償いを人間に供したと解釈するのだ[43]。

かくて、何度もいうように、ユングの聖書解釈の試みは一貫して次の視点の上に構築されることとなる。すなわち、『ヨブ記』をイエス出現を予兆せしめる転換点として進行する旧約から新約への神の変容の物語は、人間における「自己」の「個性化過程」をとおして真の自己実現に至る成長のメタファーにほかならないという視点の上に。するとおのずと彼の聖書解読の焦点は、この神の自己意識化の決定的な媒介項となるが故に神性を獲得する人間の系譜、ヨブを開始点として究極は「神の息子」にして「人間の息子」たるイエスに極まる系譜に定まる。

この点でユングは、『エゼキエル書』から紀元前一〇〇年ごろに成立したとされる『エノク記』へと至る旧約聖書の内的変貌の過程に注目する。というのも、それは旧約聖書群のなかでイエスの出現を予告する最大の書たる意義を彼にとってももつからだ。しかし、その複雑な解釈の詳細はこの小論では省くことにする。

汎神論的宇宙神の人格化という問題

ところで、私は次の問題を指摘せざるを得ない。

既に何度か見たように、ユングにとって神は宇宙的全体性としてなによりも「対立物の結合」によって定義されるべき矛盾的全体性であった。つまり、そこではいわば存在論の根底において創造と破壊・生と死・光と闇とは互いに相手を支えあっており、この事情のもつ存在論的意義を強調すべくユングは「分裂しているというよりは、むしろの一個の二律背反」(前出)とも呼んでいた。この点で確認しておきたいのは、かかる宇宙的全体性とは自然の地平におけるそれであるということである。まさにユングのいう「自然哲学的なものと神秘思想的なものとが対等の役割を演じているような包括的世界観」(前出)の地平で成立するそれだということだ。

だがまさにこの点でユングは次のように論じたわけである。すなわち、かかる宇宙神がヨブの眼差しを介して自己反省に導かれ、そのことによって神はこの二律背反的全体性を無意識的に生きていた段階から自覚的に生きる段階、つまりくだんの「個性化過程」へとみずから入るのだと。いいかえれば、宇宙的自然そのものであった神が「人格化」の過程に入るのだ。

では、この神の人格化とは汎神論的宇宙神の「創造主的人格神」化なのであろうか? だがもしそうだとすれば、この本来自然の地平にいた神の「創造主的人格神」化を語ることは明らかに論理的矛盾であり思想的矛盾ではないのか? はたしてユングは「人格化」の概念によってそのように問題を描きだそうとしたのだろうか?

ここで問題となっている事柄をさらに明確化するために、たとえばニーチェを参照軸に据えてみよう。

既に本書・第一章の「創造主的人格神宗教の棄却」節で論じたように、ニーチェは『偶像の黄昏』

において宇宙の全体性の無目的性・「生成の無垢」性を強調し、それを神による宇宙の「無からの創造」を説くユダヤ＝キリスト教の立場と一体となった目的論的宇宙観に意識的に対置してこう述べた。

「人は必然的であり、一片の宿業であり、全体に属しており、全体のうちで存在している〔略〕全体以外には何ものもないのだ！――誰ひとりとしてもはや責任を負わされてはならないということ、存在の様式は一つの第一原因 causa prima へと還元されてはならないということ、世界は感覚中枢としても『精神』としても一つの統一ではないということ、このことがはじめて大いなる解放である〔略〕『神』という概念はこれまでに生存に対する最大の異議であった……私たちは神を否認する、私たちは神において責任性を否認する。すなわち、このことではじめて私たちは世界を救済するのである」[44]（傍点、ニーチェ）と。

ところで、ユングもまたキリスト教の創造主的人格神観を問題視していた思索者であった。彼はその問題性を次の点に捉えていた。すなわち、宇宙の存在を神による「無からの創造」によって説明し、なおかつそこでの神が一切「恐るべき神」たる不条理かつ非情な暴力的側面（人間の眼から見て）をまったくもたぬ「愛と赦しと善の神」、いいかえれば「最高善 Summunm Bonun」存在として把握されるかぎり、キリスト教神学は神の創造した宇宙には《悪》が存在する余地がないと結論せざるを得なくなる。とはいえ、《悪》の存在は歴然たるものである。では、《悪》の存在をいかに説明するか？　この論理的苦境を脱する神学的論理（弁神論・神義論）としてキリスト教神学は

《悪》を「善の欠如」として説明する「善の欠如理論」を編み出す。この事情をユングはこう指摘する。「教会の理論によれば、悪とは『ある完全性の偶発的欠如』にしかすぎない。このような前提をもとに、『すべての善は神より、すべての悪は人より生ずる』という考え方も出てきたし、またそこから、新教のいくつかの教義の中で悪魔が排除されるという結果が生じた」と。[45]

ユングにとってこの「善の欠如理論」の最大の問題性は、この論理によって「悪が独自の実体を持つ」という悪の実在性についてのリアルな感覚がキリスト教のなかから失われ、「対立物の結合」として実現されるべき「全体性」という到達目標が見失われることである。[46]その結果ユングによれば、キリスト教徒の自我のメンタリティは、自分を完璧なる善人へと形成しなければならないし、またそれが可能であるとする道徳的「完全主義」によって打ち固められ、そこからひたすらに自我の視界からおのれの内なる《悪》を追い払って、それを無意識化し「影」化する心性が、したがってまた、そこから反転して「アンチ・キリスト」的「エナンティオドロミー」の暴発に導かれる心性が形成されてしまったのだ。

この点で、キリスト教の出現についてのユングの思想的評価は実はきわめてアンビヴァレントなものとなる。というのも、先に見たとおり一方では彼はヨブにイエスを重ねあわせ、イエスの登場の意義を《自己に無意識的であった神の自己意識化》という局面の到来のなかに見いだす。しかし、このイエス的契機はその後継者たる正統キリスト教のなかでは十分生かされず、かえってむしろ今度は逆に神の残酷な破壊的側面、いいかえれば《悪》の側面の実在性の捨象という反対方向の一面化に陥ることで、その「自己」の意識化という究極目標の達成に挫折すると判断されることになるのだ。この問題の理解において、つまり、イエスの思想の真の意義を正統キリスト教は実は覆い隠し、その効力の発揮を妨げると捉える点で、ユングの立ち位置は『反キリスト者』のニーチェに似てくる。

たとえば、こういう一節がある。ユングはまず「神の善なる意志が助け手である善なる神の息子を産み出し自ら善なる父の像を造った」と書き出しながら、この推移を指して、「残念ながら〔略〕またしても、真理についての別の知識が存在しているという事情は考慮されなかった」と述べ、「真理の御霊」は「対立物の結合」という宇宙的奥義たる「ソフィア」を伝えようとして、結局その「愛と赦しと善の神」の相貌しか伝えることができずに終わり、この究極の課題に失敗したとも断じるのだ[47]。つまり、ユングの観点からするなら、キリスト教の誕生は《自己に無意識なままであった神(=自己)の自己意識化》という課題に照応する人間の側の「自己」の正しい自己意識化の挫折、その自己意識化の努力がかの道徳主義的「自我」による「自己」の他方の反「自我」的契機の無意識化=「影」化に終わることによって、総体的=全体的な自己意識化としては結局は挫折するという事態の出現だということになる。

だからユングは『アイオーン』ではこういう両義的な言い方をしている。「個性化過程の心理学的側面をキリスト教の伝統の光の中で入念にしらべるというのは、やり方として妥当なのであり」、それは「たといキリストというキリスト教でいう自己の像には、当然そなわっているべき影が欠けているにせよ、そう言わざるをえない」（傍点、清）ほど、「キリスト教の伝統が知っている個性化過程の記述は、正確であり徹底している」からなのだと[48]。そして、彼はこの「個性化過程」の推進の「その結果」として西欧文化の特徴をなす「人間の人格の強調、（自己）意識の発達[49]」が誕生すると捉える。とはいえ、この個性化過程の前進は同時に右の一節に「当然そなわっているべき影が欠けている」と記されていたように一面化の進行であるが故に結局その挫折でもあるのだ。

さてここで、先ほど立てた問題、ニーチェの《創造主的人格神宗教の棄却》論を参照軸に立てた場合ユングの立ち位置は如何に規定されるかという問題に立ち戻ることにしよう。するとわれわれは次のことに気づく。

一方では、キリスト教の神（最高善）による宇宙創造説と結びついた「悪＝善の欠如」理論に対するユングの批判は、宇宙的全体性の「対立物の結合」性格の絶対的受容を説く点でニーチェの「生成の無垢」思想ときわめて近接する。とはいえ他方、ユングの「個性化過程」＝「自己」の自覚化の思想に裏付けられた神の人格化の主張は、まさにニーチェの「生成の無垢」思想――「善悪の彼岸」性を強調し暴力的破壊的契機の肯定にこそむしろ重心を置く――を無意識的水準に留まった宇宙的全体性の肯定に過ぎないものとして批判する主張となって展開することになろう。

この点でくりかえし強調されるべきは、ユングにあっては「対立物の結合」としての宇宙的全体性が人間の「自己」の問題へと引き取られた場合にはその意識化が問題とされ、本書でこれまで縷々述べてきたように、この全体性をソフィア的な女性的ないし母性的知恵において生きることが、つまりその「対立物の結合」を文字通り和解・均衡・融和の独創的形態において生きることが課題とされるという点である。そのかぎり、この自覚化された「自己」の立場はけっしてニーチェ的な「善悪の彼岸」に立つものではない。まさにユングは、ニーチェの先の言葉を援用するなら、「私たちは神において責任性を否認する」どころか、反対に厳しくそれを問題にしているわけなのだから。

ニーチェの場合は全体性受容の主張が「力への意志」のディオニュソス的な暴力主義的な肯定へと反転する。この点が特徴である。そのさいこの肯定の論理が依拠するのは「高所からの鳥瞰的考察をほしいままにしうる」立場であり、この立場は、あらゆる事態の進行に孕まれる欠陥と苦悩も、この進行が「そう成らざるを得ない」ものであるなら、「同時にまたこのうえなく望ましいものに数えられてよい」とみなす立場だとされる（本書第一章・「生命主義という問題の環」節）。つまり、それは「善悪の彼岸」に立つ非情さこそをおのれの心性とする。*

＊ユング的視点から見たニーチェの矛盾　一方で正統キリスト教のルサンチマン的な他者憎悪の闘争主義的性格を「イエスならざるもの」として告発し、それにイエス自身の愛敵の思想を鋭く対置しておきながら、他方彼自身の掲げる「生命」肯定の論理においては、一転して極度に男性主義的な暴力礼賛の「力への意志」の立場へと反転する事情、このニーチェの独異なる矛盾はユングの視点からはどう見えるであろうか？　それは、キリスト教的自我とその「アンチ・キリスト」的「影」（エナンティオドロミー的暴発）のアンビヴァレントな矛盾的一体性の構造がニーチェ

のなかに映し出された場合の一つの特殊な投影形態だということになるのではないか？　つまり、ニーチェもまた――如何に彼自身は自分をキリスト教的自我の克服者として考えようとも――キリスト教的自我の一員であるほかなかったのだ。そうユングは分析するにちがいない。

だから、もしニーチェがユングのおこなった汎神論的宇宙神の人格化の議論に接したならば、それがまったき論理矛盾を犯している点で、あるいはその矛盾に気づかぬ無思想性の点で、彼はユングの議論を罵倒したにちがいない。

だが次のことも確かである。人格化されるに至ったユングの神はあくまで汎神論的宇宙神の人格化なのであって、ユダヤ＝キリスト教的な創造主神としての人格神ではないことも。この点では、ユングの神は、西田幾多郎がいう「宇宙の内面的統一力」の人格化された形象としての「父なる神、母なる佛」に近接している（参照、本書第六章・『『善の研究』と論考「場所的論理…」とのあいだに横たわる二つの問題」節）。しかも、そもそもユングの宗教深層心理学の視点からいえば、《神》は人間の「自己」のメタファーなのであり、神を擬人化して語ることはいわば方法論的な意味で当然なのである。

私見によれば、ここでわれわれは聖書論Ⅰ巻『妬みの神…』第Ⅱ部第一章・「汎神論的宇宙神と慈悲の神とは如何に媒介可能か？」節が取り上げた問題、すなわち汎神論的宇宙神と創造主的人格神との、あるいは「非道徳的な神」と「慈悲の神」との「複合的混淆性」の問題にぶつかっているのである。私から見れば、ユングはくだんの元型照応のいわば類比的・メタファー的思考によって、彼が直面している汎神論的宇宙神の人格神化の孕む論理的アポリアを問題に取りあげる必要のない位置にいる。だから、そのかぎりにおいて彼はそれを論じなくてよい。しかし、そのうえで、右のアポリアの問題に突き戻されたら、彼が何と応えるかは判然とはしない。(なお同様の問題は次章のオットーにも色濃い。)

とはいえ、私はユングが「自己」・「自我」・「影」の三概念を設定することで試みた道徳主義的自我についての批判的考察の価値を疑うわけではない。彼の元型照応論のメタファー的な意義は、なによりもこの批判的考察を推進せしめるいわばメタファー的インスピレーションを提供する点にあることは疑いない。彼における汎神論的宇宙神の人格神化の思想的内実は、キリスト教的な道徳主義的自我のいわゆる「完全主義」思考が身に引き寄せるマニ教主義的硬直化や「アンチ・キリスト」的「エナンティオドロミー」の暴発を回避すべく、人格成長の目標にくだんの「対立物の結合」を和解・均衡・融和の独創的形態において生きる能力をもった「自己」の形成を据えることにある。メタフォリカルな思考の場面においては、そこでの汎神論的宇宙神は実はこの人間的「自己」のメタファーないし投影体であって、後者(自己)が前者のそれであるわけではない。

私は右の節に続く「三つの問題側面」節で大略こう述べた。

——汎神論的宇宙神表象が人間に与える精神的作用とは次の二つではないか? 一つには、宇宙的全体性の視点にみずからを立たせること(宇宙的全体性への主体転換)によって人間は自分が知らず知らずのうちに《支配・妬み・復讐の心性》に絡み取られマニ教的善悪二元論に陥っていたことに気づき、そうした硬直した自分の道徳意識のあり方を相対化し得るようになること、二つには、おのれの人生苦それ自体を受け入れることで同時にそれを感情的に超越してしまうカタルシス的感覚作用を自分に与えることができるということ、この二つである。人間は古来汎神論的宇宙神を人格神化することでM・ブーバー的にいえばそれと「我－汝」の関係性に入り込み、かくすることでこの二つの作用を自分に引き寄せようと試みてきたのではないか？　また多くの場合くだんの人格神化された宇宙神は――父的表象を取った場合でもその実質においては――その個人を憐れみ慰謝する《母的存在》となって出現するのではないか？　イエス、グノーシス派、老子にもその事情は歴然としているのではないか？　この事情こそが、論理的には非人格的であるはずの汎神論的宇宙神を人格化せざるを得ないという人間における神話形象の内的論理を指示しているのではないか？　人間はそもそも《想像人（ホモ・ファンタスィエンス）》として右の精神的作用を自分に贈与するかかる超越的想像力をもち、この超越的想像力こそ人間の文化能力の孕む決定的な宗教的構成要素なのではないのか？

そして、ユングの類比的・メタファー的思考もまたこの超越的想像力の上に築かれているのだ。

実際の道徳的諸問題は義務のぶつかり合いから生じる

ユングの究極的に立脚する立場、対立物の対立を解消するのではなく、それを引き受けつつ、それの「結合（一致・和解）」の形態を自覚的に個性的に創造することで生き抜こうとする立場、これについては既に彼の「自己」論を紹介するなかで述べた。それを『ヨブへの答え』での表現を使って示すならこうである。

ユングは人間にとっての救いとは何かを問うて、こういう。「救いとは一方では重苦しく頼りない無意識という苦しい状態からの救済であり、他方では神の対立性に気づくことである」と。[50] いうまでもなくここでいう「神の対立性」とはこれまで縷々論じてきた神という絶対者は種々の「対立物の結合」という全体性としてのみ存立しているという宇宙論的事情を指す。そしてこの事情を真に引き受け受容することができた場合には、「たとえこの認識の瞬間がどんなに辛いものであっても」、「救われていることを直接感じ取ることができるようになる」とユングはいうのだ。そしてこのような——仏教でいう「悟り」の如き——認識への到達が神の「受肉」にほかならないとされる。[51] こうしてそれは、悪を徹底的に退け自分を悪を一分も含まぬ善だけによって形づくられた完全なる存在へと高めようとする「完全主義」を捨てて、むしろ悪と接しつづけ悪と共に悪をも受容して生きる創造的方途、これを追求するという生の態度こそを諾とする立場なのである。ユングいわく、「葛藤から、つまり悪から人間を遠ざけておくことは、原理的に神の意図するところではない」[52]。『アイオーン』にはこうある。「ほんとうの道徳的な問題というのはことごとく刑法典を超えたところで始まるのであるから、それら道徳的問題が前例に依拠することはまず滅多にないと言っていい。まして戒律条文に頼ることなど皆無である。つまり実際の道徳的諸問題は、義務のぶつかり合いから生じる」[53]（傍点、清）と。

こうしてユングによれば、原理的に道徳的であらざるを得ない自我が必然的に巻き込まれることとなる葛藤には二局面があることになろう。道徳的義務（＝善）と、《悪》とみなされるにせよ強烈な生命性を発揮する無意識的身体的欲動（いわば生命としての善）との葛藤という局面が一つ、もう一つは、二つの相対立する義務（＝善）がその対立ゆえに相互に相手を《悪》と名指しあい、この善が悪に変じ悪が善に変じる葛藤のなかで自分の《善》を選ばねばならなくなる局面、この二つである。だが、いずれにしろそこでは善悪区別が無条件に可能だと思い込んでいた道徳主義的常識は破産し、善悪区別の懐疑主義的相対主義の不安のなかへと人間は降りてゆかねばならない。

右の一節に関連して、別な箇所にはこうある。「自我の相対的な破棄が関連してくるのは、解決不可能な義務の衝突に際して最高の最終決定をくだすばあいだけである。〔略〕そんな場合には、自我はじっと堪える傍観者となってみずからは決定を下さず、決定に服するのである。――無条件降伏で。その最終決定を下すのは、人間の創造的精神であり、だれにもその広がりが測り知れない人間の高さと広大さである」[54]（傍点、清）。

つまり、そうした道徳主義的常識が破れる瞬間には、人間は自我の意識化された判断中枢に依拠することをやめ、あたかも芸術家が創造の跳躍点においてはつねにそうするように、或る本能的直観に自分の身を委ね、その直観が下す決定に服すというのだ。

なお、この彼の思想にかかわってもう一つ注目しておきたいのは、かかる視点はユングの宗教に対する深層心理学的考察をまっすぐに現代の問題に繋げる視点でもあったという事情である。ユングにとってイエスの出現のそもそもの意義は、古代ユダヤ教が――その律法主義とマニ教的善悪二元論によって――見失いかけていた矛盾的全体性を創造的に融和的に生きることを導く神の「ソフィア的知恵」との接続する絆を再興したことにある。ユングはいう。「彼は、人類が神とのつながりを失って、単なる意識とその『合理性』へと迷い込むことを防ぐ」と。[55] ここでいう「単なる意識とその『合理性』」とは、おのれのなかの《悪》とみなす要素をことごとく「影」化してしまうくだんの道徳的完全主義に囚われた反省的自我の志向性を指す。

だが、かかる「合理主義」的迷妄はイエスが阻止しようとしたにもかかわらず、当のキリスト教によって推進されるに到る。かつ二十世紀に至って大規模な再興を果たすのだ。彼は次のように言葉を継ぐ。「人間はつねに、そしてますます、彼の心の中の非合理的な事柄や必要物を見逃し、意志と理性によってすべてを支配できると思い込み、そのために社会主義や共産主義のような大規模な社会政治的な企てについて明瞭に見ぬかねばならないこと・すなわち前者においては国家が、後者においては人間が疎外されるということ・を無視できると思い込む危険に陥るのである」と。[56] この観点は『アイオーン』でもくりかえされている。そこでは「こんにち独裁国家の強制収容所で起こったこと」を指しながら、[57] こうした所業を引き起こした究極の深層心理学的問題は「意識の外にあって意識を育てている根から意識をもぎとってしまって、意識に対して意識内部にしかない目標ばかりをかかげる」ところの「合理主義的傲慢」にあり、[58] そのような態度が無意識化に追い遣った自分のなかの《悪》と暴力の諸要素をひたすらに《敵》にこそ固有なものとみなして、それへの攻撃にいきり立つ「アンチ・キリスト」的暴発へと導いたのだとしている。（参照、Ⅰ巻第Ⅱ部第一章、一四八〜一五一頁における、二十世紀を席巻した「聖戦」イデオロギーに関する論述。）

だからまた他方からいえば、ユングにとって二十世紀こそは「ソフィア」的知恵の再興を必要とする時代でもあった。既に一度引用紹介したが、彼によれば、『ヨハネ福音書』がイエスの言として伝える「助け主（パラクレート）」としての「真理の御霊」の体現する「ソフィア的知恵」の観点からいえば、「善とは悪がうまいこと隠されていることであり、悪とは無意識的に行為することである」ということになり、こうした懐疑主義的観点は「善と並んで悪も考察される時代を、すなわち何が悪であるかがそのつど完全に正確に分かっているという疑わしい前提に立って《始めから》悪を抑圧するようなことをもはやしない時代」を「すでに視野の中に入れている」と評されるのである。[59]この問題の捉え方に彼の宗教に対する深層心理学的考察がどのような形で現代の問題に接続していたかが示されている。（とはいえ逆説とは――、既にこれまで縷々紹介したように、ユングの判断によれば、くだんの「合理主義」的迷妄を阻止しようとしたイエスを引き継ぐはずの正統キリスト教こそがかえって反対にこの迷妄のもっとも強力な継承者となったことである。）

第四章

オットー『聖なるもの』を読む

キリスト教の宗教的卓越性はどの点にあるか？

『聖なるもの』を著したルードルフ・オットーはプロテスタント神学者であった。この点で、同書はキリスト教を世界の諸宗教のなかで最高の発展段階に達した宗教とみなす見地に貫かれており、その根拠を次のように説明する。

まず彼はキリスト教の特質を「人格神を信仰対象とする宗教」の「典型」であると押さえたうえで、その神観念の「本質的特徴」を次の点に見る。すなわち、「神的な存在が、精神、理性、意思、決意、善意、権能、統合的本性、意識などといった人格的な特性を表す用語で明確に把握され、表現されている」という点に。彼によれば、これらの特性を表す用語はみな「概念」として立てられ、そうであるが故に論理的かつ分析的に思考し定義しうる対象となっているという意味で「合理的なもの」と呼ぶべきであり[1]、この点で、キリスト教はその合理的性格において「ほかの諸宗教のレベルやその形態を凌駕している」といい得ると[2]。またこの神観念の合理化とは「道徳化および人間化のプロセス」ともいいかえられる[3]。

とはいえ、『聖なるもの』の独創性は実は次の点にこそある。オットーは右のようにキリスト教のもつ合理的性格の卓越性を強調しながらも、たんにかかる側面を強調するだけではキリスト教の宗教としての真の卓越性を把握したことにはならないとする。なぜなら彼によれば、それだけではそもそもあらゆる宗教に共通する「宗教体験にしかないまったく固有なもの、そのもっとも原始的なかたちの体験にも見出されるその固有なもの」が見逃されるだけでなく(4)、この要素それ自体がキリスト教においてはくだんの合理的側面と最高の水準で複合していることで他の宗教を凌駕しているという一番肝心な事情、これが見逃されてしまうからである。この要素を、彼は概念によっては到底言い表せない神秘的ないわば世界感覚・世界感情というべき要素であるが故に「非合理的側面」と呼ぶ。そしてこの側面は、キリスト教においては、なによりも天空を垂直に目指す崇高なる大聖堂の尖塔、その内部の偉大なる包容性を示す丸天井等の建築美、それに包まれて執行される典礼儀式において鳴り響く崇高なるミサ曲、そこでのうやうやしい態度や振る舞い、声調、表情、等々、それら建築的・音楽的・演劇的、等々の要素の総体が産む崇高感と至福感の高揚となって実現されるとする(5)。かくてオットーによれば、キリスト教の宗教的卓越性は宗教として合理的側面と非合理的側面との最高水準での統合に成功している点にある。

「この両要因がそろって存在し、健全で完璧な調和のうちにあるということが、一つの宗教の卓越性を計る尺度であり、しかもこれが本来宗教的な尺度である。キリスト教は、この尺度において、地上に存在するほかのもろもろの姉妹宗教を断然優越している(6)。」（傍点、オットー）

とはいえ彼にいわせれば、この肝心な事情がキリスト教のなかの「正統主義」にはまるで理解されておらず、正統主義はキリスト教の一面的な合理主義化を促進しただけであったと批判される。この点で、実に『聖なるもの』はキリスト教の正統派的理解への果敢なる批判の書なのである。と同時に、宗教研究をその道徳的・イデオロギー的内容分析に解消する合理主義的な宗教学や宗教社会学の方法論に対して、おのれの宗教的経験から出発する信仰者の立場をあくまで堅持しながら宗教を学問的に論じる一つの独創的試みであった。

宗教的経験の核心としてのヌミノーゼ経験

さて、この右にいわれる「非合理的側面」こそ、彼が『聖なるもの』のなかで「ヌミノーゼ das Numinöse」という独自に造語した概念で指示する現象であり、またその経験にほかならない。彼は、それをひとまず「聖なるもの das Heilige」と名づけたうえで[7]、その神秘的で非合理的な特質を可能なかぎり理論的＝概念的に表現する、つまり間接的に指示すべく、さらにそれにこの「ヌミノーゼ」という概念を与え[8]、この体験を構成する諸契機とその相互連関を、それを語る諸言説（＝現象）の精密な分析をとおして確定し、もってこの体験の本質に迫るという現象学的方法を駆使して仔細に解明した。ちなみに、この「ヌミノーゼ」という造語は彼が「神霊」を意味するラテン語の「ヌーメン numen」を「神霊的な・ヌーメン的な numinös」というドイツ語形容詞へと転形し、そこから造語したものである[9]。

彼によればこのヌミノーゼ経験こそが、宗教的感情・体験を如何なる場合にもたんなる道徳的感情・意識・経験に解消せしめないところの、宗教的なるものの固有の――原始的であるが故に不変でもある――核心をなすものなのだ。オットーはこの経験は本質的に「対照的なもの同士の調和」からなる両義的経験として成立するという。それは「絶対的な卓越性」に直面する経験なのであるが、この経験は人間を次の感情、すなわち自分の存在を「塵あくた」の如きものとして感覚する「被造者感情」・「自己の無価値化」感情へと突き落とすと同時に、逆説的にも、だからこそまさにそこから反転し、この「絶対的な卓越性」に魅入られ、そこへと吸収されること(「横溢せるもの das Überschwengliche」への参入)を願い、それがもたらす法悦感情＝「至福」の獲得へと人間を向かわせるというアンビヴァレントな力動的な構造をもつというのだ。また彼は、そこで獲得される至福経験はけっして「愛・憐み・慈しみ」等既に道徳的価値づけのなかで概念化されてしまっている経験に尽きるものではなく、さらにそれを上回る或る圧倒的な感覚的充溢性を伴う「恵み」の感情的経験であり、いわば存在感情・世界感情そのものとしての至福経験であることを強調する。そして卓抜にもこう指摘する。およそ洋の東西を問わず、秘儀的快楽の享受を隠された究極目標とする「修行僧」たちにおける宗教的祭儀の快楽というものは、「ヌミノーゼ自体の所有」を目的とし、「ヌーメンを捕え、ヌーメンに捕えられるということ」の感覚的・感情的実現＝享受を目的とするそれであると。[14]

私は、キリスト教に対するオットーの評価の是非をめぐる問題はとりあえず脇に置いたうえで、およそ宗教一般に共通した「宗教体験にしかないまったく固有なもの」としてヌミノーゼ経験を取りだし問題にした彼の見地は実に鋭いと考える。

ただしそれを認めたうえで、以下の如き批判を私は彼の考察に対して抱く。

オットーの旧約聖書論——ヴェーバーとの比較において

いましがた見たとおり、オットーにとってヌミノーゼ経験はおよそあらゆる宗教的経験の核心をなすものであった。しかし同時に注目されねばならないことは、彼はヌミノーゼ経験を分析するさいに旧約聖書をこの分析作業の媒体としていわば特権化していたという点である。彼は、ヌミノーゼ的感情が沸き立つ様相に関して、「ことにセム系の、そのなかでも聖書の宗教においてはそれが著しい」と評す(15)。

この彼の評言は、ヴェーバーやユングの議論をつねに参照軸に置き、また《父権的価値体系と母権的価値体系の文化葛藤》を視点に据えて両聖書を問題にしてきた本書にとっては直ちに重要な問題を惹起するものとなる。たとえば、ヴェーバーとオットーを対質させるならばそこにはどんな問題が浮かびあがるか?

ヴェーバーは、『古代ユダヤ教』において旧約の預言者たちの心性とその行動様式の特徴を、神人合一がもたらす法悦を「宗教的救済財」とするインド諸宗教との対比をとおして、以下のように特徴づけた。すなわち、旧約の預言者たちにあっては、「インドの無感動的エクスタシスがさずけてくれるような、あらゆる感覚的なるもの形象的なるものから心を空にして離脱してしまうあの神秘的なやり方」や「神の霊に充たされたあの静かな至福の法悦」などは「どこにも見られない」のであり、「神との交わりの敬虔な感情の表現もまれであるし、すべての被造物と兄弟愛の心術をもつという、あの神秘家には特徴的な憐憫と同情にあふれた感情の表現も全然みられない」と。そして、ヴェーバーはこう結論づけている。「予言者たちの神が生き、支配し、語り、行動するのは、戦争という一つの無慈悲な世界にほかならず、予言者たちがそのためにたてられていると意識する時代なるものは深刻で不幸なのである」と。(16)

またヴェーバーは、旧約の預言者たちにおいては神を幻視するという視覚体験より、神の声が絶対命令として物質の如く降臨するという幻聴体験の方が優位に立つことを指摘し、かかる特徴や先の諸特徴が顕著となるそもそもの理由は、ヤハウェがあくまで「行為の神」であって「断じて永遠的秩序の神ではない」（傍点、ヴェーバー）という性質をもつ点にあるとする。(17)ヴェーバーによれば、このヤハウェと預言者との関係性によって預言者は「神秘家」となることを「アプリオリ」に封じられており、いいかえれば、「かれらの神は――第二イザヤにいたるまで――徹頭徹尾人間的に理解可能の神であったし、またそうであらざるをえなかった」のであり、(18)この事情が預言者の言説に「合理的特徴」を与えたとする。(19)

つまり、ヴェーバーの観点はオットーのそれとまったく対立的である。

オットーからすれば、ヴェーバーの『古代ユダヤ教』は旧約聖書におけるヤハウェの「怒れる神」の姿をヌミノーゼ経験の「戦慄・畏怖」の契機を象徴的に表現するものとして読み取ろうとする姿勢を一切示さず、ひたすらに旧約聖書を――まさにヴェーバー自身がいうように――合理的言説の地平でのみ読み取り解釈する「合理主義的」解釈の最たるものということになろう。事実、ヴェーバーは預言者たちが皆「恍惚師」であったことを指摘するにせよ、それをいささか揶揄的に「精神病理学的状態」と描写するだけであって、[20]そこにオットーのいう「ヌミノーゼ経験」としての宗教的意義を見いだすことはない。先に見たとおり、彼の強調点は旧約聖書の体現する精神は――特にインド諸宗教を比較軸に置くならば――およそ「神秘家」の観照的・審美的・直観的心性とは縁遠い、行為を導く実践的な合理的心性にあるという点に置かれる。

他方オットーにあっては、たとえば『ヨブ記』は、ヌミノーゼ経験の中核をなす《神秘に接しての驚嘆》(「ミルム」ラテン語)という要因が「同時に高貴なものと結びついたかたちで、めずらしいほど純粋に現れている」書として問題にされ、[21]この点で『ヨブ記』は「神義論の放棄や不可能性を伝えているのではなく、逆に確固たる神義論をうち立てようとしている」と解釈されるべきだとされる。というのも、ここに現出する神の「はかり得ない」大きさ・「絶対的卓越性」についての経験＝ヌミノーゼ経験は、それだけで、ヨブに自分の絶対的卑小さを悟らせるだけでなく、「同時に、懐疑に悩まされていたかれの魂を、そのもっとも深い部分から落ち着かせることができるほどのもの」・「かれの魂の苦悩の内的な緩和と充足感」をもたらすものであったことが示されているとオットーは解釈するからだ。この背理的で逆説的な神秘的事態の誕生、これこそがオットーにいわせればヌミノーゼ経験そのものなのであり、つまりは神義そのものなのだ。なお付言すれば、この点で彼も——或る意味で私と似て——『ヨブ記』の結末に出てくる応報成就の場面は余計であるとする。[22]

さらにオットーの場合は、かかる逆説性についての指摘が、ヌミノーゼ経験の「対照的なもの同士の調和」構造の他方の契機、すなわち「横溢せるもの」への参入として経験される法悦感情＝「至福」経験の考察へと受け渡され、その考察のなかでは仏教のいう「涅槃」の経験や「空」の経験——まさにヴェーバーが預言者的心性の対極に置いた「インドの無感動的エクスタシス」——もその典型の一つとして関係づけられることになる。[23]

このようにオットーは、ヴェーバーによってその不在が旧約聖書を特徴づけるとした「神秘家」的経験をまさに逆に旧約聖書に沸き立つものとして読み取ろうとする。

しかし逆の角度からいえば、オットーの考察にあっては、ヴェーバーが問題としたテーマ、ヤハウェはなによりもまずユダヤ民族の「政治的および社会革命」を指導する「軍神・万軍の主」として登場するという問題、ならびにそれと深く結びつくその強烈な道徳主義的＝律法主義的性格の問題はまったくといってよいほど触れられていない。『聖なるもの』第一二章「旧約聖書におけるヌミノーゼ」は「妬みの神」たるヤハウェの「怒りの神」の側面を、「これらはみな、ただ神の報復的正義だけを意味するわけではないし、気性の激しい、強烈な熱情のうちに生きる神だけを意味するのでもない。むしろこれらすべては、神の非合理的本質の戦慄すべきもの、威厳、神秘、高貴なるものに包摂され貫かれている」（傍点、清）と解釈することで、旧約聖書の考察をヌミノーゼ論に解消し、まさにその合理的＝道徳的側面それ自体が抱え込む問題性——聖戦思想・姦淫の重犯罪視・女性嫌悪・律法主義等々――をまったく不問に付してしまっている。またこの点から、オットーの問題理解のなかでは本書が主題としたような旧約聖書とイエス思想との対立と亀裂という問題はまったく影を潜め、むしろ両者の関係は「救済宗教」の完成への発展過程という連続線上において把握されることになる。後に述べるように、この観点において彼のパウロへの評価は非常に高い。

オットーとユング

では、ユングとの対質においてはどんな問題性が浮かびあがるだろうか？

ユングは『聖なるもの』の愛読者であったといわれる[24]。確かに、彼にとって旧約聖書の神がなによりもまず「恐るべき神」として登場し、この神の本質が善と悪との二律背反の全体性、「対立物の一致・結合」にあることが彼によってくりかえし主張され、またその点にこそ道徳主義的把握を超え出る神の本質的全体性が顕示されることが強調される点は、「ヌミノーゼ」こそを主題とするオットーの観点と明らかに重なる問題をユングもまたテーマにしていたことを示している。とはいえ、『ヨブへの答え』のなかにはオットーへの言及は一切登場することはないし、次の諸点においてユングの論点はオットーとは顕著な相違を示すと思われる。

まず第一に、実はユングの場合は、くだんの二律背反性もオットーの如く「ヌミノーゼ」経験そのものを構成する戦慄・畏怖と至福との二律背反性としていわば実体論的観点から問題にされるわけではない。本書第三章が示すように、ユングにあってその問題は、神の自己認識における無意識的段階から自己意識的段階を経て真の総合的自己直観（「ソフィア的知恵」の境位への到達）へ到る弁証法的前進を、くだんの人間における「個性化過程」の象徴表現とみなすという宗教深層心理学的問題設定の枠組みのなかへと組み込まれる。この点で、『聖なるもの』の方は「ヌミノーゼ」経験の現象学的確定というテーマに終始しているが、ユングの場合は、右に見た宗教深層心理学的でもあればきわめて倫理学的でもある（道徳主義的に硬直した「自我」意識の超克による自覚的「自己」への到達、かかる人格化の最高段階の実現という）思弁的テーマのなかへと組み込まれているのである。

したがって第二に、ユングの場合には「恐るべき神」は『ヨブへの答え』に顕著なようにヨブ（人間の代表たる）からその残酷さ・道徳的不正を糾問される存在として問われるのであり、オットーの如き「ヌミノーゼ」経験の一方の契機たる戦慄・畏怖の契機として問題にされているわけではない。逆にいえば、オットーにはユングのような神の不正・残酷さを道徳的に批判するという問題意識はない。というのも、先に見たとおり、神の「はかり得ない」大きさについてのヌミノーゼ経験は、それだけで、ヨブの神に対する弁神論的懐疑を増幅させるどころか、逆に解消させる逆説的な効果を発揮するというのがオットーの解釈だからだ。

第三に、ここからしてユングの場合はオットーが問題にしたような「至福」という感性的な救済経験の問題は実はテーマ化されることはない。「ソフィア的知恵」は如何にそれが道徳主義的主知主義の硬直性を超えるものとして語られるにせよ、まさに「知恵」という認識的意識の立場から問題にされるものである。はたして、くだんの「個性化の過程」の到達点とされる自覚的「自己」なるものはこの最後の局面でおのれをヌミノーゼ的法悦へと譲り渡すのであろうか？　彼がそう考えていたとは到底思えない。

しかしながら、神から下される理解不可能な不条理なる試練に対するヨブの絶望的な「何故？」という問いに対する神からの究極の回答、それこそがイエスの登場であるという理解においては、ユングとオットーとはきわめて接近している。オットーは旧約聖書の一千年を超える展開の果てにイエスが登場する経緯に孕まれた宗教の発展史的必然性をどう読み解くかという問題に関して、まさにこう述べている。「キリストが、それまでの宗教的発展の総括、集結だという意味は、『第二イザヤ書』とエレミヤから始まりヨブと『詩篇』にまで一貫して謎めいた仕方で受け継がれてきた旧約のあのもっとも不可解な問題、すなわち義人のいわれのない苦しみの神秘が、イエスの生涯、受難、死において典型的な仕方で繰り返され、それが絶対のものにまで高められているという点にある」（傍点、清）と。(25) だから、「『ヨブ記』三八章は、ゴルゴダの予告であり、すでにヨブに与えられた『問題』の解決がゴルゴダにおいて繰り返され、凌駕されている」と。(26)

とはいえオットーは、イエス登場の意義をユングのようにイエスを媒介とする神の自己批判とその結果としての「新しき契約」・「怒れる神」から「愛とまったき善の神」への転換というように「合理的」――オットー的にいえば――に捉えるわけではけっしてない。オットーは「すでにヨブに与えられた『問題』の解決」なるものは「全面的に非合理的なかたちでなされたもの」であり、けっして論理的に理解可能な（＝合理的な）解決ではなく、「それでもやはり一つの解決」と呼ぶべき、論理を超えた感情的解決だったことを強調している。[27]先に紹介したように、彼の理解では、神の「はかり得ない」大きさについてのヌミノーゼ経験は、それだけで、ヨブに「かれの魂の苦悩の内的な緩和と充足感」をもたらすものであった。かかる意味でそれは「非合理的解決」であった。いいかえれば、「究極の愛と戦慄すべきヌーメンの怒りとの混合」という「合理的側面と非合理的側面の絡み合い」そのものが、旧約聖書からキリスト教に引き継がれる「聖なるもの」のヌミノーゼ的核心であったというのが彼の主張である。だからまたオットーは、あとで見るように、イエスのうちにくだんの「ソフィア的知恵」の生きた体現を見ようとするユングと異なり、イエスの人格そのものが発揮するヌミノーゼ的力に注目すべきだと主張する。

オットーと本書の観点

なお、ここでオットーと本聖書論ⅠⅡ巻とのあいだに誕生する二つの問題点をつけくわえておこう。

一つは、預言者の心性の本質的特徴としてサド＝マゾヒズムを強調した私の観点（Ⅰ巻『妬みの神…』第Ⅰ部第六章「「残酷なる試しの神」としてのヤハウェと預言者のマゾヒズム」）との関係である。おそらく、オットーのヌミノーゼ経験の観点からすれば、ヌミノーゼ経験のくだんの両義性を「サド＝マゾヒズム」

という人間の――いうならば地上的な心理を問題にする――心理学的概念に翻訳するが如き本書の観点は、そもそも宗教的経験の固有なる本質がわかっておらず、それをただちに心理学的な合理主義的概念へと置き換えねば気のすまない非宗教的人間の限界の露呈と映るにちがいない。私は、その点に宗教的人間＝信仰者と非宗教的人間＝無神論者（神を人間の心理的創作物〔極大化した投影体〕として疎外論的に理解する、フォイエルバッハ流の）との永遠なる決着せざる論争のトポスがあると考える。

第二の問題は、オットーはそのヌミノーゼ経験をもっぱら旧約聖書の記述から引きだしており、確かに幾つかの重要な場面でインド諸宗教におけるそれとの比較検討もおこなってはいるが、しかし、彼には次の問いは完璧に欠けているという点にある。すなわち、ヌミノーゼ経験の記述にも、父権的価値体系の下での記述と母権的価値体系の下での記述とでは記述のアクセントの置き方や描写がそもそも異なってくるのではないか？　かかる問いは彼には不在である。しかし本書の観点に立てば、ヌミノーゼ経験の「対照的なもの同士の調和」構造という形で語られる問題それ自体が、父権的価値体系と母権的価値体系との文化葛藤という問題を反映したものとして映る。一言でいえば、「戦慄・畏怖」の契機は父権的側面に、また「横溢・至福」の契機は母権的側面に連絡していると映る。またこの後者の契機における神は宇宙外的な超越的「創造主的人格神」ではなくして、前章でユングのなかに見いだしものと類似した――西田幾多郎やルー・ザロメ的にいえば――内在的な汎神論的宇宙神が人格化した神として「母なる佛」あるいは母性神という形象において現れた神なのだ。この問題に、後にグノーシス派のプレーローマ的「安息」の観念とオットーのいう「横溢せるもの」との対比をおこなうさいに、私はもう一度立ち戻ることになろう。

オットーの新約聖書論

オットーはキリスト教を罪業の生からの人間の救済をテーマとする世界でもっとも完成された「救済宗教」であると評価し、そうであることの「根本契機」は二つだとする。「第一は、本来的かつ終始一貫して神の国の説教だという契機」であり、「第二は、イエスの福音を特徴づけるファリサイ派への反発とそれと結びついた罪の赦しに基づくこどものような心、こどものようなあり方を理想とする敬虔という契機」であると。(28)

注目すべきは、この第一の契機に関して、彼が「イスラエルにおけるこの理念（「神の国」という、清）の出発点は純粋に政治的なものであって、それがしだいに現実の基盤から解き放たれ〔略〕超越的な内容へと高まったのか」、それとも、「そもそもの出発点から」超越的なものとして存在していたのかという問題は、「宗教的衝動をつき動かす素材が最初は地上的世俗的なものであることはよくある」が故に「どうでもよい」と述べていることである。(29)

この問題の捉え方には、オットーが新旧両聖書の全記述をひたすらヌミノーゼ経験の象徴的記述という観点からだけ問題にしていることがよく表れている。まず彼にはヴェーバーから出てくる問題意識、すなわち「宗教的救済財」のタイプにはくだんの相異なる二つのタイプがあるが、それではイエスの「神の国」はどちらに属するかといった問いはそもそも不在である。彼は、そうした問いを立てることなく、いずれにせよイエスのいう「神の国」とはおよそ超越的なものとして「地上的世俗的な」（＝政治的なもの）ではあり得ないことを強調する。[30] そして注目すべきことは、以下論じるように、彼のヌミノーゼ論が問題となる「神の国」の超越性に実質的にグノーシス派的解釈――東洋的諸宗教の「神人合一」的ヴィジョンと類縁的な――を与える方向へと進むという事情である。

彼はまずこう続ける。「神によっていつか実現される救い、しかしすでにいまここで経験される救いこそ、徹頭徹尾、福音の意図するところのものである。前者の意味での救いは、神の国の到来という確約として実現され、後者の意味での救いは、人が神の子であるということを心情的に体験することによる」[31]（傍点、清）と。全ての人間が潜在的には「神の子」であるとするこの彼の視点は、既に第三章で指摘したように、ユングが『ヨハネ福音書』を典拠として強調した点でもあり、『ヨハネ福音書』を自分たちが一番依拠する聖書文献とみなしたグノーシス派の観点とも共通するものだ。[32]

子供の魂の無垢性に比喩をとるイエスの語りへの注目も併せて、本書Ⅰ巻『妬みの神…』の展開してきた議論（第Ⅱ部第三章二二四頁）からいえば、オットーの「神の国」論はグノーシス派の観点に相通じてゆくものであり、ヌミノーゼ的な「力」への注視――まさしく自分を「神化」された存在として体験させる――という点でイエスの生命主義をアニミズム的宇宙観へと架橋する本書の議論と重なり合う点も多い（もっとも私は、右の《子供の魂の如く》という問題の契機は「無垢なる生命」として問題にされるべきで、それを「敬虔」と把握するのは問題の焦点――パウロ的にいえば「律法」からの解放可能性――を曖昧にさせると考えるが）。

オットーは「『ヌーメン的と感じ取られたもの』として、もろもろの自然物は宗教の前庭に足を踏み入れ、そののち自然神となって実際の宗教の対象となる」と主張し[33]、「力」もヌーメン的なものとして感じ取られれば宗教の前庭に踏み入ることとなり、かかるヌーメン的力の獲得がいわゆる聖体祭儀・秘蹟となると指摘している[34]。あるいはまた、「神秘主義のもっとも主要な特徴の一つ」として、「超越的対象をその満ちあふれた存在性においてまったく卓越した者とみなす」（傍点、清）という体験が生じ、返す刀で逆にそこからおのれの虚無性を痛感する人間の自己体験が生じるとし、両体験の一対性を強調する。その際、彼は「もともと『力』の充満として捉えられている『戦慄すべき』という要因は、『存在』の充満へと変化させられる」と注記している[35]。

私として強調したいのは、こうした存在性の強度が力の強度と重ね合わされる宇宙の生気論的観念は、ニーチェの「根源的一者」の観念や「力への意志」を万物の各存在を貫く生動原理にまで拡張しようとする彼の宇宙観に継承されるが、明らかに古代人のアニミズム的宇宙観にその起源を発するものだということである。しかもオットーは、「霊」の観念の起源はこうした存在と重ね合わされた力の体験のなかにあり、「〔ヌミノーゼの運動が〕独立したかたちで本格的に開始するのは、『霊』の観念、あるいは魔神（この場合、『善い』魔神、『悪い』魔神という区別はまだ存在しない）の観念の成立によってである」と指摘している[36]。こうした観点は、日本民俗学の文脈でいえば、霊魂についての折口信夫の見解、すなわち、その核心を琉球古語で「スジャ」や「セジ」と呼ばれ、彼みずからは「外来威力」と呼んだ力の観念に置く見解と重なる点が多いといえよう。[37]

オットーとグノーシス派の「プレーローマ」的安息

結論からいえば、グノーシス派が救済成就の到達目標とするプレーローマ的「安息」の観念と、オットーのいう二律背反的構造をもつヌミノーゼ経験の一方、つまり畏怖に対する至福の契機の核心をなす「横溢せるもの」の経験とは重なりあっている。その点を明らかにしたい。

まずオットーはこう論じている。かかる経験は地上的経験を超えた、それとはまったく質を異にする「まったく他なるもの」として人間の前に現出する点で、神秘家のいう「彼岸」の経験に相当し、「キリスト教の枠組み」では、この経験こそが「罪責と罪の奴隷状態からの救済という体験」の感性的中核、その「非合理的要素」であると。[38] つまりそれはイエスのいう「神の国」の経験的中核である。

彼はこの「横溢せるもの」の経験を言語によって記述することは不可能であり、ただ言語を介して象徴的ないし暗示的な仕方で間接的に語り得るのみであるとしながら、ウイリアム・ジェイムズが『宗教的経験の諸相』のなかで紹介したその経験の幾つかの証言を参考すべき典型例として引用している。たとえば、その一つではそこに湧きあがる至福感は、「交響楽においては、独立したそれぞれの音がことごとく溶け合って一つの調和をなしてもりあがり、聴く者をして、おのが魂がふんわりと高くもちあげられ、自分自身の感動のためにほとんど張り裂けんばかりになる」ときの至福感に喩えられている。(39) この例示は、グノーシス派が「安息」の境地が実現するさいの土台を、意識が宇宙の根源的な全面的な相互連関性の「プレーローマ」的充溢の「一者」性(西田幾多郎的にいえば「宇宙の内面的統一力」)の感得に至ることに置いていたことと見事に対応しているといえよう。またこの点で、オットーが同様の意識経験を仏教でいう「涅槃」経験にも見いだし、このヌミノーゼ経験の洋の東西を超えた宗教的な汎通性を強調している点も注目されねばならない。(40) さらにまた、先にも述べたように、その「ヌミノーゼなるもの」は──石田英一郎の「文化圏的歴史観」視点からいえば──超越的な創造主的人格神の相貌を脱してむしろ宇宙内在的な汎神論的色彩を濃くしており、まさにこの点において、キリスト教内部の神秘主義とたとえば仏教の「涅槃」経験とが重なり合う面を顕在化させるという点が見て取られねばならない。まさにジェイムズはその点に注目している。

とはいえ、先に述べたように、オットーにはヌミノーゼ経験にも父権的形態と母権的形態の二形態があるのではないかという問いは存在しない。また、いましがた述べたこの経験の汎神論的性格、いいかえれば、脱「創造主的人格神」的契機のもつ問題性にも鋭い関心を向けてはいないように思える。私の観点からすれば、「罪責と罪の奴隷状態からの救済という体験」の土台をなす「横溢せるもの」の至福経験や「涅槃」経験は、明らかにヌミノーゼ経験のいわば母権的=汎神論的=内在神的形態であり、他方、旧約聖書のヤハウェを中心軸に置いた『天』の深みからヤハウェの激しい怒りとともに、不気味な脅威として迫ってくる」[41]ところの戦慄・畏怖のヌミノーゼ経験は父権的形態のそれなのである。オットーがつねに両者を視野に収めようとしていることは疑いないが、しかし、彼にはこの両者を父権的価値体系＝心性と母権的価値体系＝心性との文化抗争というコンテクストのなかへと組み入れて問題化しようとする視点はない。（参照、I巻『妬みの神…』総序・付論「石田英一郎の「文化圏的歴史観」と聖書世界」）

先に紹介したように、ヴェーバーからすれば旧約聖書にはオットーのいうが如き神秘的至福経験はまったく登場することはない。この点が問題認識として堅持されていたなら（仮に、『ヨブ記』の例外性を承認するにせよ）、オットーの議論にも旧約聖書の提出するヌミノーゼ経験がもっぱら戦慄・畏怖の契機に偏していることへの明確な注目と、その偏重を問題化するという視点が生まれたであろうに、そのようなことは起きなかった。

オットーとパウロ

では、彼はパウロとは如何なる関係に立つのか？　彼のパウロへの評価はきわめて高い。前述の如く、彼はキリスト教を「本来的かつ第一義的に『救済宗教』である」と規定し、その点に世界の他の宗教を凌駕する卓越性を見いだすが[42]、彼にとってキリスト教のこの性格を誰よりも鋭く認識し、それを前面に押しだした人間こそパウロなのである。彼は、パウロの「ローマ人への手紙」8：15の言葉を引用し、それをパウロが「イエスが開始したことのねらいと核心」・「古いものとの決別、新しい宗教、その宗教の原理と本質」（傍点、オットー）を「きわめて精確に把握していた」ことの証左としている。[43]すなわち、それは次の一節である。

「あなたがたは、再び恐れへと至る隷属の霊を受けたのではなく、むしろ神の子とされることの霊を受けたのである。その〔霊〕のうちにあって私たちは『アッバ、父よ』と呼ぶ〔ことができる〕」[44]

オットーによれば、ここに把持された「原理と本質」によって「罪と負い目に対する新しい立場および律法と自由への新しい立場」・「『義認』、『再生』、『刷新』、霊の賜物、新しい創造、神の子としての祝された自由」が与えられたとする。[45]また彼は、キリスト教共同体にとってのイエスという存在のもつ意義を論じて、その意義とは、イエス自身が「顕外化した聖なるもの」であるという点、つまりイエスの「存在、生涯、生き方のなかに自己啓示する神の働きを、われわれ自身が自発的に『直観し、感じる』こと」[46]、いいかえれば、イエスの「個人としての人柄と印象」が「ヌーメン的性質と力」をもつ点にあるとする。[47]オットーはかかる直観を「予覚」と呼ぶが、[48]この「予覚」とそれが生みだす熱狂・熱烈な帰依の感情こそがパウロをして熱烈なるヤハウェ主義者からキリスト教徒へと改宗させた当のもの、つまりパウロにおけるヌミノーゼ体験にほかならなかったとする。彼は、「パウロほどキリスト自身を完全にまた深く理解した者はいない」（傍点、オットー）と述べている。[49]

つまり、本書がこれまで縷々論じてきたことと関連づけるなら、オットーにとってパウロとは、事実上、旧約聖書のヤハウェ主義とイエス思想とのあいだの亀裂と対立――「亀裂」という捉え方をオットーはけっして打ちださないが――を深く認識し、イエス思想が「新しい宗教」の出現であった事情をもっとも精確に把握した人物ということになろう。そして、その「新しさ」にかかわる強調点は、オットーは一度もグノーシス派を引き合いにだすことはないが、本書からすれば、パウロのイエス理解とグノーシス派のそれとが多分に重なり合う地点に、つまり本書が取りあげた「生命主義」というテーマに置かれているといい得る。この点では、私はオットーのヌミノーゼ論と彼の「霊」概念の――精神・理性にではなく、むしろ感覚・感情・力にアクセントを置く――結びつきに、またそれが観念の起源としてはアニミズム的なヌミノーゼ体験にまで遡る事情を彼自身が強調したことに、注目するものである。

だが同時に、私からすれば、オットーの議論もまたパウロと同様イエス思想と旧約聖書との関係を「亀裂と対立」ではなく「発展的転換」と把握する論理に貫かれており、それと関連してパウロのなかの古代ユダヤ教的要素――とりわけ、その「肉」概念や女性嫌悪主義――を批判的に摘出するといった問題意識も彼にはない。またそもそも、まさに彼の「予覚」という概念を援用するなら、イエスの個性（ニーチェ的にいうなら「心理学的類型」）に予覚される「ヌーメン的性質と力」はまさにその憐れみの愛（共苦）と赦しの能力の卓越性にあり、ヤハウェのそれと真逆の関係にあると思われるが、この肝心な問題についてオットーは何も議論をおこなっていない、と私には思える。

オットーと西田を架橋する試み——媒介者ジェイムズ

『聖なるもの』を読むと、オットーがヌミノーゼ論を展開するさいに如何にウイリアム・ジェイムズの『宗教的経験の諸相』から多大な示唆を受けたかがよくわかる。まず彼にとってジェイムズはヌミノーゼ経験への着目という点で先行者的役割を果たした人物であったし、先に紹介したように彼が至福のヌミノーゼ的経験を例示するさいに依拠するのはジェイムズにほかならない(50)。

この両者の関係性は、西田幾多郎の宗教学にとってジェイムズがもった深甚なる意義に注目する本書（第五章・「転回点、ジェイムズの『宗教的経験の諸相』」節）にとっては大きな関心を惹起するものである。というのも、次章で示す私の考察からすれば、この「横溢せるもの」の経験は西田のいう「絶対他力」による恩寵的な救済経験——「自力」の挫折が露呈せしむる人間の根源的罪業性からの——であるとともに、そもそも西田が初期以来問題にしてきた東洋の諸宗教にとっての共通した最深の宗教的経験たる「神人合一」経験（彼が「純粋経験」とも概念化する）にほかならないからだ。オットーは次章で取りあげるジェイムズの指摘——「二度生まれの人」にとってはこの経験こそが劇的な救済体験となるという——をおそらく念頭にして、この経験は「キリスト教の枠組みで」は「罪責と罪の奴隷状態からの救済という体験」に凝結するものとなるという重要な指摘を『聖なるもの』でおこなったのである。この彼の指摘を引き取っていえば、西田はまさに彼の論考「場所的論理と宗教的世界観」において、「罪責と罪の奴隷状態からの救済」というテーマにおいて親鸞とパウロを交差させると同時に、ジェイムズを媒介に、このテーマと彼の初期以来のテーマであった「神人合一」の「純粋経験」についての考察を結合し、「罪責と罪の奴隷状態からの救済」というテーマをキリスト教的な終末論の遠近法《パースペクティヴ》で追求するのではなく、西田的に翻案した仏教的な終末論（「絶対現在の自己限定」としての）の遠近法のなかに定位する立場を打ち立てようとしたといい得る。こうして、西田の追求した問題とオットーの追求した問題とはジェイムズを媒介とすることで期せずして重なり合ったのだ。実に、西田は「道徳的懺悔」から厳密に区別されるべき「宗教的懺悔」の本質を、それが「宇宙の内面的統一力」に「自己を投げ出す、自己を捨てる」ことを得させる回心を個人にもたらすことのなかに見たが、この回心について「そこには、オットーのヌミノーゼ的なものに撞着するということができる」と言い添えている。(51)

このようにして、オットーの議論と私の聖書論ⅠⅡ巻とは両者の共有する幾つかの核心的テーマにおいていわば共振と反発の複雑な関係性を繰り広げることになる。だが、それというのも、彼が、およそ宗教一般に共通な「宗教体験にしかないまったく固有なもの」としてヌミノーゼ経験を取りだし、問題にするという果敢な試みをした人物だったからであろう。

第五章

西田幾多郎と終末論

「場所的論理と宗教的世界観」と『善の研究』とのあいだ

西田幾多郎は死の間際（一九四五年四月）に、みずから「私の最終の世界観」・「遺言」と呼ぶ[1]、彼が到達した宗教哲学の根本思想を凝縮した論考「場所的論理と宗教的世界観」を書き残す。そこで取りあげられた中核をなすテーマは《終末論》の問題であった。ここで注目したいのは、このテーマこそは西田とキリスト教とのあいだに生じた対話と対決を凝縮するものであったという事情にほかならない。

この論考のなかで西田は、私の言い方を使えば、人間の存在論的な《根源的弱さ》に定位するイエス＝パウロの慈悲の思想のなかに、自分が最終的に到達した宗教本質論、すなわち《絶対他力》の思想こそが宗教的思惟の固有の立脚点を形成するという観点との強い類似性を見いだす。と同時に、彼はこのキリスト教の救済思想に由来する《終末論》モティーフを『善の研究』以来彼が取り組んできた宗教本質論のなかに組み込もうと試みる。本章の『善の研究』における神人合一経験としての「純粋経験」と他力即自力の論理」節で詳しく説明するが、そもそも彼は東洋の諸宗教（ヒンドゥー教、仏教、老子の道教、等）が最深の宗教的救済経験を「神人合一」の経験に見いだす点に着目し、それを彼自身の観点にすることで『善の研究』を展開した（この点で、彼の観点は事実上ヴェーバーの問題認識といわば反対の方向から重なっていた）。最晩年における《終末論》をめぐる議論は、当然ながらこの『善の研究』以来の自分の思索との改めての対話であり対決でもあった。

「作家はその処女作に向かって成熟する」という格言を援用するなら、一方からいえば、論考「場所的論理と宗教的世界観」(以下、「場所的論理…」と略記)を織りなす中枢となる概念装置たる「自力」・「他力」等と、同論考を貫くモティーフである《安易なる「安心・平常底」思想への痛烈なる批判》はことごとく既に『善の研究』に孕まれていたといえる。だが他方からすれば、明らかに「場所的論理…」はそれらの新展開であり、そうであることによって前書をのりこえる新しい試みであった。

『善の研究』と論考「場所的論理…」とのあいだに横たわる二つの問題

私は、両者のあいだに横たわっている連続性と非連続性の交差点、継承と対決の関係性を端的にいって次の二点に見いだす。

まず第一点は、道徳と宗教との関係をどう捉えるかという問題をめぐって『善の研究』と「場所的論理…」との対立といい得るほどの相違である。詳細はあとに譲るが、『善の研究』においては両者の関係は藤田正勝(岩波文庫版の解説者)のいうとおり連続していた。[2] しかし、論考「場所的論理…」においては、道徳の次元はもっぱら人間の「自力」の意識に支えられている次元であると問題化されたうえで、この「自力」意識の根本的挫折を待って初めて宗教の固有の次元――「他力」

の意識を根幹に据える——が開かれると把握されたのである。

第二点は、右の問題把握と連動して、ユダヤ＝キリスト教の世界観の根本的枠組みと東洋の諸宗教のそれとの根本的関係をどう把握するかという問題をめぐって浮かびあがる両論考の相違である。明らかに『善の研究』は、洋の東西を超えた宗教的経験の最深の核心は「神人合一」の経験に見いだされるとする観点に立つものであった。反対に「場所的論理…」の方は、ユダヤ＝キリスト教の世界観の根本的枠組みと東洋の諸宗教のそれとの根本的異質性・対立性を議論の前面に押しだす。そのさい、キリスト教の汎神論的神秘主義の潮流も「対象論理」に貫かれた実体主義的発想を超えるものではなく、根本的にはユダヤ＝キリスト教の枠内に留まるとされる。

彼の最晩年におけるキリスト教終末論との対決は右の二つの問題の環が複雑に絡み合ってできあがっているが、その根底をなすのは人間存在の根底に孕まれる《悪》の問題、つまり人間の存在の根底に巣食う《根源的弱さ》とそれが生む罪業性の問題、いいかえれば彼の盟友である鈴木大拙のいう「悲の側面」の問題に対する彼の認識の深まりであった。おそらくそこには、西田の個人史上の出来事と同時に、(3) あの太平洋戦争の経験が深い影を落としている。いうならば、当時日本人は有史以来初めて「旧約聖書」的状況のなかに、つまり終末論的状況に立たされたといい得る。

ところで、この彼におけるキリスト教とかつて彼が書いた『善の研究』との二つを相手とする対話は、本書の視点からすれば、実に本聖書論がⅠ巻『妬みの神…』以来縷々展開してきたくだんの「四者の関係性」の考察問題（Ⅰ巻・総序）に重なる諸問題を多々含んでいる。*

＊「四者の関係性」について　本聖書論I巻『妬みの神…』に付した「総序」の一節：「四者のあいだの亀裂と対立、その抗争の緊張関係の理解なくして、どの一者の真の理解にも達し得ない。ここでの四者とは、旧約聖書に体現される古代ユダヤ教におけるヤハウェ信仰（M・ヴェーバーのいう「純粋ヤハウェ主義」）、新約聖書に語り伝えられるイエスの言葉と行為が推測せしめる彼自身の思想、パウロを創始者とする西欧の正統キリスト教、ならびに旧約聖書とイエス思想との対立性を徹底的に主張し、それを糊塗する者と正統キリスト教を批判してやまなかった古代キリスト教における最大の異端たるグノーシス派キリスト教、この四者を指す。」

確かに西田は、本書が一貫しておこなってきたようなイエス自身の思想とパウロが創建した正統キリスト教との区別や、それと深く関連するグノーシス派と正統キリスト教との鋭い対立、そもそも旧約聖書とイエスとの亀裂・対立の問題、等々を議論にしているわけではまったくない。彼はキリスト教に言及するさい、特に『善の研究』では、度々そのなかの神秘主義的・汎神論的潮流を取りあげ、それを彼の宗教本質論の最重要な対話の相手としている。とはいえ、この潮流と正統キリスト教との対立関係について彼が如何なる認識を抱いていたかの詳細は不明である。しかし内容的には、実質上彼の議論が本書がライトモティーフとしてきたくだんの「四者関係」問題に深くかかわることは疑いない。

そこで、本章では論考「場所的論理…」における《終末論》をめぐる彼の議論を考察の中心に据えて、その彼の議論の節々がどのような問題を媒介にこの「四者関係」問題に連絡するのか、その様子を素描したい。

まず考察の前提として、そもそも西田が『善の研究』においてどのような宗教本質論を展開していたかを概観しておこう。たとえば、彼はこう書いている。

「かく最深の宗教は神人同体の上に成立することができ、宗教の真意はこの神人合一の意義を獲得するにあるのである。即ち、我々は意識の根底において自己の意識を破りて働く堂々たる宇宙的精神を実験するにあるのである。」(4)。

この点で、そもそも『善の研究』を著しく特徴づけていたのは既に述べたように次の点であった。すなわち、キリスト教のなかのむしろ異端派である汎神論的ないし神秘主義的潮流(スピノザ、ベーメ、エックハルト、等)の言説に着目し、またパウロの言説をその文脈の下で解釈することによって、キリスト教のなかにも前述の東洋の諸宗教の観点と重なり合う観点があることを確認し、その重なり合う地点に宗教的経験の洋の東西を超えた普遍的な最深の本質・核心を見るという視点、これである。

たとえば彼は、「超越神があって外から世界を支配するということきの考はただに我々の理性と衝突するばかりでなく、かかる宗教は宗教の最深なる者とはいわれない様に思う」と述べ(5)、旧約聖書の創造主的人格神の神観を事実上拒絶し、あるいはヤハウェを創造主とみなす幾多の記述を文字通りに受け取ることに反対したうえで、ユダヤ=キリスト教においても、究極において「神」という概念で指し示されているのは東洋と同様に汎神論的な「天地これに由りて位し万物これに由りて育する宇宙の内面的統一力」であり、したがって、そこでいわれる創造主神もこの統一力の人格的化身となったものと解釈すべきだとしている。[6] だからまた、そのことが了解されているなら、この「宇宙の内面的統一力」が汎神論的形態においてでなく人格化されて語られようと問題ではないと主張する。いわく、「もし神が人格的であるというならば、此《かく》のごとき実在の根本において直に人格的意義を認めるとの意味でなくてはならぬ。〔略〕また我々はこの自然の根柢において直に神を見ればこそ神において無限の暖かさを感じ、我は神において生くという宗教の真髄に達することもできるのである」[7] と。

なおこの点で彼は次のようにも主張した。すなわち、「愛というのは二つの人格が合して一となるの謂であり、敬とは部分人格が全人格に対して起こす感情である」とし、神に対する人間の感情的絆が「真の敬愛の念」(傍点、清)となるのは、人間が神と「同一の根柢」をもち、「我々の精神が神の部分的意識」だからだという。[8] また、真の「知」とはおのれの主観性を棄却して飽くまで客観に即し客観に一致しようとすることであり、他方「愛」とはあくまでも「自己を捨てて他に一致するの謂である」から、結局「知と愛とは同一の精神作用」であると。[9]

この「愛」と「知」についての西田の捉え方は、本書の視点からすれば、グノーシス派のそれに類縁的であるが、しかし、ユダヤ=キリスト教的精神がつねに問い続けたそれとは大きく相違している。というのも後者をなにより特徴づける点は、罪と罰の裁きの精神(神)と慈悲と赦しの精神

（神）との鋭い葛藤であり、《愛》の問題はなによりもこのコンテクストから登場するという事情、ならびに「知と愛」の問題もまさにそれ故になによりも父権的な律法的な知の精神と母権的（母性愛）的な愛の感情との葛藤というテーマとなって登場するという事情にあるからだ。この点で、たとえばユングがこの事情のなかにユダヤ＝キリスト教的精神と東洋的諸宗教とのあいだには問題感受性の大きな差異があると認識していた次第、これは既に第三章・「キリスト教的自我としての西欧的自我」節で取りあげた点であった。

しかし、宗教的経験の最深の核心においては「印度のヴェーダ教や新プラトー学派や仏教の聖道門」も「基督教や浄土宗」も「各自その特色はないではないがその本質においては同一である」[10]とする『善の研究』においては、右のような比較宗教学的な差異性を鋭く究明しようとする問題意識が思索の基軸に据わることはなかった。

こうした事情をさらに浮き彫りにするため、たとえば丸山眞男を一個の比較軸として持ち出してみよう。

丸山は――ヤハウェを「行為の神」と規定するヴェーバーに学んで――、まさに西田がユダヤ＝キリスト教的世界観に押し被せるべきでないとした《創造主的人格神》観を、東洋の諸宗教との対比においてのみならず、日本の宗教的「古層」たるアニミズム的宇宙観との著しい対比においても、それこそがこの宗教的伝統の固有なる思想的意義だとした。

すなわち、ユダヤ＝キリスト教的世界像の特質は、それが《創造主的人格神》観に立つことによって、「絶対者としての唯一人格神と人間との関係（religio ＝結び）を中心として構成せられた〈神中心ないし人間中心の〉」・「超越的人格神によって命ぜられた義務（＝ミッション）を地上において遂行するという社会的実践への傾向性」を強く抱く世界態度（意味賦与形態）を提示した点にこそある。これに対比するならば、ヒンドゥー教・仏教・道教等の諸宗教は「根本的に『空』の直観をめざす汎神論ないし汎心論」的世界態度を取り、したがって、「絶対者との神秘的合一（unio mystica）の『境地』に達することをめざす神秘主義的瞑想行動への傾向性」を強く抱く。[11] さらに日本的アニミズム宇宙観についていえば、そこでは「〈世界は、〉自然的時間の経過において万物が生成活動し、増殖する世界〈であり、その意味で世界〉は、永遠不変なものが有る（Sein）〈有〉世界でも、滅びを運命とする虚無（Nichts）〈無〉の世界でもなくて、まさに『成りゆく』（Werden）〈成〉の世界である」という点が特徴的だと。[12]

また、丸山は「ユダヤ＝キリスト教の根本思想」は「人間の自由意思で堕落したこと、そこから人間の責任が生まれること、神が悪への自由を人間に与えることを通じて人間を救済すること」、いいかえれば「人間の根本悪つまり『原罪』観」であり、この関連でいうならば、親鸞を筆頭とする鎌倉新仏教の日本思想史上の顕著な意義は右の原罪意識に類似した「罪業煩悩」の意識（「自らの生そのものがすでに罪業だという内面的自覚[13]」）とそれが生む救済欲求、如何ともしがたき生の欲望とその罪業性との「絶体絶命の矛盾の自覚」を説き、この自覚にみずからの宗教活動の根拠を置いた点にあるとする。[14]

この点で私は次のように考える。まさに論考「場所的論理…」が示すのは、こうしたユダヤ＝キリスト教精神の特質に対する本格的な対話と対決の関係に西田が入りこみ、宗教的救済の究極着地点をくだんの「神人合一」的統一の実現に置くことには変わりがないにせよ、そこに至る精神の成長過程は必ずこのユダヤ＝キリスト教的な問題契機を通過し取り込むいわば弁証法的過程を経るとの認識へと彼が移行したこと、このことではなかったかと。（なお前述の丸山の親鸞評価についていえば、実は彼はそうした評価の角度を西田の「場所的論理…」における親鸞論ならびにそれと深く連携していた三木清の「親鸞」から継承したのだと思われる。しかし、丸山の講義録に添えられている参考文献リストには三木の名も西田の名も全然出てこない。このことは不思議である。）

もう一点つけくわえておきたい。それは、本聖書論ⅠⅡ巻の展開してきた《父権的宗教と母権的宗教との文化対立》という視点からは西田の議論の仕方はどう見えるかという問題である。

西田のくだんの宗教本質論はグノーシス派やユングとの関係でいえば、汎神論的宇宙神たる究極神を女性神格化（「ソフィア」化）する過程がそもそも父権的なヤハウェ主義的風土のなかに誕生し、宗教的心性の女性化・母性化が進行し、その帰結がイエスの誕生となるという問題と重なる。また石田英一郎の「文化圏的歴史観」との関連でいえば、西田の視点は石田が提起する二項対立図式を超える融合的総合の試みということになろう。

とはいえ、西田の場合はこの試みの基底に《父権的宗教と母権的宗教との文化対立》を見るという視点自体はない。事実、西田は「凡ての宗教の本には神人同性の関係がなければならぬ、即ち父子の関係がなければならぬ」と事もなげにいう。[15] そのことは、右の「父子の関係」を「母子の関係」に置き換える必要あるいは可能性を問うというが如き問題意識は、少なくとも『善の研究』の段階ではそもそも不在であったことを示す。

ただし急いでつけくわえるなら、論考「場所的論理…」では、この「宇宙の内面的統一力」は「父なる神、母なる佛」と双称的に呼ばれ、しかも別な箇所には「今日の時代精神は、萬軍の主の宗教よりも、絶対悲願の宗教を求めるものがあるのではなかろうか[16]」とあるから、この論考では「母なる佛」の立場の優位が示唆されているといえよう。だから、最晩年の西田には《父権的宗教と母権的宗教との文化対立》という問題認識は或る程度はあったといい得る。とはいえ、この呼称の差異が指示する問題についての内容的な議論はまだ一切ない。つまり西田には、東洋の諸宗教の汎神論的な「神人合一」的救済の立場がユダヤ＝キリスト教の「神の王国」的救済の立場に対して宗教的には優位性をもつという信念は確固としているが、この問題が同時に《父権的価値体系と母権的価値体系との文化抗争》にかかわるという問題意識はない。またこの「父神」「母神」の呼称問題にかかわっていえば、本書が問題にした《非人格的汎神論的宇宙神の人格化》が孕む論理的矛盾の如何、あるいは「善悪の彼岸」の「非情」性と「慈悲」の有情性との媒介論理の如何という問題意識も、ユングやオットーとも共通して西田にも成立していないように思える。（参照、I巻第II部第一章・「汎神論的宇宙神と慈悲の神とは如何に媒介可能か？」節・「三つの問題側面」節・II巻第三章・「汎神論的宇宙神の人格化という問題」節）

西田の生命主義

次に西田のパウロ解釈にもかかわって『善の研究』の「生命主義」とも呼ぶべき側面を取りあげたい。『善の研究』は、「神において生く」という感情をもっとも鮮烈に語った言葉としてつねにパウロを引き合いにだすことによって、キリスト教におけるもっとも深い宗教的経験と東洋におけるそれとの本質的同一性を強調する。[17] この点は「生命主義」という視点を強調してきた本書にとってきわめて興味ある点である。（参照、Ⅰ巻第Ⅱ部第三章「イエスにおける「天の王国」表象の「生命力」メタファー」。第六章「イエスの生命主義とグノーシス派」）

たとえば『善の研究』第四編「宗教」・第一章「宗教的要求」は、「宗教的要求は自己に対する要求である、自己の生命についての要求である」（傍点、清）と書きだし、「神において生く」という言葉をパウロからのものだと示したうえで、「真正の宗教は自己の変革、生命の革新を求める」と述べる。[18] この観点は随所に現れ、或る箇所ではベーメのいう「最深なる内生」・内面的再生」が引き合いにだされ、生命感情の「力」性・「活力」が強調され、この力の感性的な感得は同時に叡智的認識であるから、この生命力の感得とは「直観」によってこそ担われるとされる。くりかえしいえば、西田においては、前述の「宇宙の内面的統一力」が人間個人において「真生命」力として賦活することがくだんの「最深なる内面的再生」にほかならず、この点において「神人その性を同じうし、人は神においてその本に帰す」といわれ、あるいは「己が本分の家郷たる神」という神観が提示される。[19]

まさにこの捉え方において、藤田正勝の指摘するように、『善の研究』においては道徳と宗教とは連続性（両者はその成立基盤を共通にする、という）を形成することになる。すなわち西田によれば、善・「真の善行」とはそれ自体が「自己の力」ともいうべきものであり、この力とは、端的にいえば、これまで「宗教的要求」の内容として語られてきた「宇宙の内面的統一力」の個人における顕現であり発揮である。彼は「意識」を論じてこういう。「我々の意識は、思惟、想像においても意志においてもまたいわゆる知覚、感情、衝動においても皆その根柢には内面的統一なる者が働いて居るので、意識現象は凡てこの一なる者の発展完成である。而してこの全体を統一する最深なる統一力が我々のいわゆる自己であって、意志は最も能くこの力を発表したものである」。[20] くりかえせば、「我々の人格とは直《ただち》に宇宙統一力の発動である」と。[21]

かくの如く『善の研究』は或る種の生命主義の立場に立っていた。だから興味深いことに、藤田正勝によれば、西田は講義草稿「宗教学」のなかで、前述の「宗教は生命の要求であると云う考え」は「生の理想を美的生活に求むる事」に繋がると指摘したうえで、「ニーチェ、ワイルドの思想は一面より見れば宗教を否定するもののようであるが、一面より見れば宗教を建てんとするものと見ることができる」と批評した。[22] 事実、本書・第一章に示すように、ニーチェはパウロを批判するなかで、イエス自身の思想の重心は現世における「神と人間との一体化」によって実現される「浄福的生」の追求にあったと力説し、この生のヴィジョンを彼自身の「力への意志」の生命主義・生の快楽主義へと接続しようとしたのである。

なお西田は、既に『善の研究』において右の個人における「宇宙の内面的統一力」の顕現・発揮の関係を「内在的超越」と概念化し、神と個人の自我との関係が――従うにしろ背くにしろ――飽くまでも超越者対被造者との隔絶した関係として語られ続けるユダヤ＝キリスト教と画然と区別し、後者における神に対する自我の関係性の方は「対象的超越」と概念化する。そして前者の立場からすれば、カント倫理学を特徴づけたような理性と感性との葛藤、《一切の感性的欲求の内容をもたない実践理性の自律に依拠する反省的道徳的意志と、肉体的感性欲求との葛藤》という問題は本質的に虚妄の問題に過ぎないと主張する。それはまだ自我がおのれの存在の根底に存する真の生命力たる「宇宙の内面的統一力」を自覚せず、それに自己を委ねることができないでいるかぎりにおいて、自我が道徳行為の場面で逢着する問題に過ぎない。この点では、確かに既に西田はユダヤ＝キリスト教と彼の依って立つ仏教的世界観との本質的相違を自覚している。

とはいえ、前章で丸山を引き合いにだして指摘したように、この時期の西田の思考は論考「場所的論理…」の如きユダヤ＝キリスト教との鋭い対話＝対決の関係性に入ってはいない。後述するように、『善の研究』は「場所的論理…」に出てくる次の一節（まさに後の丸山の視点を先取りする）が議論展開の必然的契機として入り込むような議論構造をもつものではなかった。いわく、「人格的なるキリスト教は極めて深刻に宗教の根源を人間の堕罪に置く。〔略〕生まれながらに罪人と云うのは、道徳的には極めて不合理と考えられるであろう。併し人間の根底に堕罪を考えると云うことは、極めて深い宗教的人生観と云わざるを得ない。既に云ったごとく、それは実に我々人間の生命の根本事実を云い表したものでなければならない[23]」。ならびに次の親鸞の評価。「浄土真宗においても、人間の根本を罪悪に置く。罪悪深重煩悩熾盛の衆生と云う。而して唯仏の御名を信ずることによってのみ救われると云うのである[24]」。

いうまでもなく、右の一節の示す問題場面においては「神人同体・同性」とそれに基づく「内在的超越」の関係性は否定され、神と人とは隔絶し、そこには「対象的超越」の関係性しかない。では、如何にして西田は前者の関係性に後者の関係性を組み込むのか?『善の研究』はこの問題をまだ自分に与えていないのだ。

『善の研究』における神人合一経験としての「純粋経験」と他力即自力の論理

なお『善の研究』に関してもう一つ強調されておくべきことがある。それは、西田が最深の宗教的経験とみなす前述の「神人合一」経験こそが、同書の提起する、最初は認識論あるいは知覚論の装いをとって展開される「純粋経験」にほかならないことである。

西田は第四章「神と世界」を端的にこう書きだしている。「純粋経験の事実が唯一の実在であって神はその統一であるとすれば、神の性質および世界との関係もすべて我々の純粋経験の統一即ち意識統一の性質およびこれとその内容との関係より知ることができる」(傍点、清)と[25]。

西田の関心の焦点は、真正なる生命力の、その力の源泉は「中心より凡てを統一して行く」その統一力・統合力にあるという事情に据えられる。この事情は宇宙の全体性を統べる「内面的統一力」と個人の側の生命力とを汎通的に貫く理法であり、この観点からするなら、「宗教的要求」とは、個人がおのれの生命力を最大にしようとその統一力・統合力の極みを目指し、遂にその「極点」に至ったその統合要求の姿にほかならない。その「極点」においては、主観のなかの生命力の相矛盾し対立する諸相の統合をさらに超えて、否、その統合を実現するために、そもそも主観内の分裂・矛盾の原因となっている主観と客観の分裂、つまり宇宙的全体性から分離するが故に孤立し、その孤立——その極点はいうまでもなくおのれの死への恐怖であろう——に苦しむ個人意識（自我）と客観（宇宙の全体性）そのものの「内面的統一性」との分裂、この根源の分裂を再統一・再統合すること、つまり前者の後者への再帰をとおしての両者の絶対的統一・絶対的融合が実現されるということになる。いわく、「絶対的統一はただ全然主観的統一を棄てて客観的統一に一致することに由りて得られるのである」[26]（傍点、清）。

西田によれば、個人意識がその宗教的要求に駆られて最後に見いだすこの絶対融合という目標地点は、それ自体としては、実は個人意識の誕生の母胎・始源にあったものである。それは「意識の根本的要求であるのみならずまた実に意識本来の状態である」。もっとわかりやすくいえば、それは「凡て最初の感覚は〔略〕直ちに宇宙其者でなければならない」嬰児の意識の状態への復帰であり、この事情の比喩が西田によればかの「エデンの園」である[27]。あるいは「天国に入るためには幼子に戻れ」とのイエスの教説である。[28]

ところで、ここで論考「場所的論理…」との関連において注目しておきたいのは、「純粋経験」の概念を西田が造形してゆくにあたって、ウイリアム・ジェイムズから彼が受けた深甚なる影響である。詳論する余裕はないが、ジェイムズがその『心理学原理』で展開した「意識の流れ」論の論点、すなわち、意識は対象の経験にさいして実は焦点となっている当該の個別対象を経験するのみならず、「諸経験を結びつけている関係それ自身」・「意識の縁暈」も経験するという論点、[29]この「関係それ自身」は対象経験を成立せしめるいわば暗黙的前提として日常的には主題化されないが、しかし、意識によっていわば側面的＝非措定的に感得され続けているという論点、これが西田の「純粋経験」概念の確立にとって決定的なインスピレーションを与えたのである。というのも、このジェイムズの視点は西田にとって次の問題を哲学的な議論の舞台に登場せしめるための格好の媒介の役を果たす認識論的議論となったからである。すなわち、意識が対象への意識に呪縛されているあいだは主題化し得ないでいるが、しかし宗教的要求に捉えられるや、意識にとってこの「関係それ自身」を感得し得るか否かが逆に主題化するという事情を。対象的宇宙の全体的な有機的統一性の感得のみならず、さらに主観と対象＝客観とをその根底において結びつけ統一する究極的な客観的連関（＝宇宙の究極的統一性）の感得をおのれに即してなし得るか否かという問題を。

われわれはこの点で次のことに注目しておかねばならない。そもそもジェイムズの『心理学原理』がそのような役割を西田に対して果たしたのも、ジェイムズのその意識論・経験論が、彼自身のなかで、宗教的経験の固有な要素をどこに見いだすべきかという問い（まさに『宗教的経験の諸相』での）に深く結びついていたからだという問題の関連性である。『善の研究』のなかでのジェイムズへの言及はほとんど彼の『心理学原理』のくだんの意識論に関するものだが、しかし、一箇所だけ『宗教的経験の諸相』に触れた箇所がある。それは、まさに「神人合一」経験にかかわって詩人テニスンの証言に言及した箇所であり、そこでは「その外、宗教的神秘家たちのかかる経験を挙げれば限もない」という一節の末尾に、それらの諸経験を鮮明に引照している文献として同書が掲げられたのである。[30] 後に述べるように、論考「場所的論理…」では、けっして明示的に言及はされないが、明らかに西田の思考を今度は『宗教的経験の諸相』こそが捉えるのである。

さて、私は「はじめに」の節で、既に『善の研究』には「場所的論理…」で中心的役割を果たす「自力」対「他力」の概念や安易な「安心」思想への批判が孕まれていると指摘した。『善の研究』はこう主張する。――くだんの「神人合一」の経験とは、個人がこれまでの自我を中心においた生き方を転換して、おのれの生命力・生命感情を「宇宙の内面的統一力」に依拠せしめるという転換を果たすことであるから、それは「自力をすてて他力の信心に入る」ことだと。この事情を西田は「主観は自力である。客観は他力である」ともいう。[31] また、このことに相関して「一点なお自己を信ずるの念ある間は未だ真正の宗教心とはいわない」という言葉も既に登場する。[32] しかもそこには、この自力批判の観点を提示した宗教家として親鸞を捉える言葉も既に登場している。[33] また、「罪はにくむべき者である、しかし悔い改められたる罪ほど世に美しきものもない」との言葉も記された。[34]

そして、この「自力」批判の文脈で宗教的要求の本質に関する次の世間常識的理解が批判されてもいた。すなわち西田によれば、現世利益のための神信仰はいわずもがな、「単《ひとえ》に神助を頼み、神罰を恐れる」というキリスト教徒的姿勢も、「宗教とは自己の安心《あんじん》のためである」という仏教徒的姿勢も、結局は「凡て利己心の変形にすぎない」。その意味で結局「自力」の観点を一歩も出るものではない。しかも「安心」説の方は、実は「進取の気象を滅却して少欲無憂の消極的生活を以て宗教の真意を得たと心得る」誤解すら撒き散らすものとなると。

他方「他力」とは、それにすがる・由る・依拠するという人間の根本的受動をいうものであるが、これを積極的にいいなおせば、「我々の已まんとして已む能わざる大なる生命の要求」に従うことであり、「厳粛なる意志の要求」に従うことなのだとされる。[35] つまり深き受動が熱烈なる能動へと転ずるのである。他力即自力の境地が切り開かれるのである。

では、論考「場所的論理…」はこうした議論を展開した『善の研究』に何をつけくわえたのであろうか?

既に見たように、『善の研究』は、「真の善行」は人格そのものを「宇宙の内面的統一力」の発現そのものへと「転換」することによって可能となるとし、しかもこの「転換」を「自力を捨てて他力の信心に入る」と把握しており、この主張はそっくりそのまま論考「場所的論理…」へと引き継がれるものであった。とはいえ、『善の研究』はこの「転換」を《「自力」をおのれの立脚点に据える「道徳」的立場》から《「他力」をおのれの立脚点にに据える「宗教」的立場》への「転換」であるとはまだ明確につかんではいなかった。否、「真正の宗教心」とはこの他力の立場においてのみ誕生することは既にいわれてはいたが、その立場が「自力」的営為の挫折を必須として生成し、この挫折の上に築かれるものだとはまだけっして明示されていなかったのだ。そのかぎりにおいて、藤田正勝がいうとおり『善の研究』では「道徳」と「宗教」とのあいだは連続するものとして把握されていたのだ。

自力的営為は必ず挫折し、その挫折は人間の存在そのものに孕まれる《根源的弱さ》を露呈せしめ、それに直面した個人をしていいしれぬ人間の「悲の側面」の自覚に導く。だが、そのときこそ人間は「真正な宗教心」へと導かれる。この回心的転回の梃子、それが前々節に引用したパウロの原罪観念と親鸞との深き共通性についての西田の認識であり新たな評価だったのである。この問題の契機こそは『善の研究』に欠けていた当のものなのだ。

転回点、ジェイムズの『宗教的経験の諸相』

おそらく右の問題認識に導いた媒介者こそが西田にとってはウイリアム・ジェイムズであったのではないか?

注目すべき問題の一つは、右の西田の自覚と、次の事情、すなわち論考「場所的論理…」においては『善の研究』とは大きく異なってジェイムズへの言及はまったくないにもかかわらず、ジェイムズの『宗教的経験の諸相』を読むならば、おそらく「場所的論理…」はこの『宗教的経験の諸相』

との深湛なる対話を孕んでいるにちがいないという推測が働くという点である。

まずジェイムズの『宗教的経験の諸相』の主張を見よう。

『宗教的経験の諸相』と西田の最晩年の思想の類似性についてはほとんどこれまで論じられたことがない[36]。というのも、そこにはジェイムズへの言及がないからである。だが、西田はこの有名な著作を読んでいた。彼はその邦訳が出版されたとき短い序文を寄せているが、その序文のなかで自分がかなり早い時期にこの書を原書で読み「少なからぬ興味を感じた」ことを打ち明け、かつジェイムズを「科学者、哲学者たる十分の素養を有すると共に、奥深き宗教的経験に対しても相当の理解と同情を有ち得た人[37]」（傍点、清）と評している。事実、以下の如く、西田と彼のあいだには視点の深い共通性が見いだされる。

ジェイムズのこの著作を際立たせているのは、もっとも深い意味での回心経験の実存的個別性の強調であり、回心経験は本質的に個人の道徳的自律力の根源的な挫折経験から生まれ、それゆえそれを前提にし、そこからして——ここで親鸞や西田の概念を使えば——必然的に深い「絶対他力」による救済経験、神から差し出される救いの「恩寵的」経験として成立するという点の強調である。この彼の強調点は西田の哲学との注目すべき一致点である。またジェイムズは、こうした救済経験が諸宗教のなかのそれぞれの神秘主義的伝統のなかに豊かに保持されてきた宇宙と自己との「一元論的な」溶融経験（まさに西田のいう「神人合一」経験にほかならない）にもっとも親和的であると見なしている。そして彼は、回心における《世界》経験の劇的転換の構造を二つの《世界》経験の両極性において捉える。すなわち、いわば根源的な存在論的疎外を病んでいる精神病患者の《世界》経験に頂点を見いだすような疎外されたそれと、そこからの救済として成立する宇宙と自己との融合的統一の喜悦に満ちた経験、後期西田の言い方を用いれば「絶対現在」的な自己肯定の経験との両極性である。このジェイムズの特徴的視点は、西田の提出する問題の意義を考えるうえで重要な示唆を含んでいる。

ジェイムズは、もっぱら経験的な宗教心理学の立場からではあるが、言葉のもっとも深い意味で回心という劇的な宗教的経験をなす個人とは、特別な問題を背負った個人であることを強調した。彼によればこうした個人は「病める魂のひと」と呼ぶべき特別な実存的不安のなかに陥っている人間であり、そこからの救済を渇望している個人なのである。一言でいえば、彼らはおのれの罪業性の意識の故に激しい自己分裂に苦しみ、またこの自己分裂の故に《世界》そのものが彼にとってはまったく疎遠で恐ろしいものへと変わってしまっている、そうした人間なのだ。

たとえば彼はトルストイを例に引き、「トルストイの場合には、人生になんらかの意味があるという感じが、しばらくの間まったく失われたのであった。その結果、実在というものがまったく形を変えて映ったのである」[38]と指摘し、そうした変容した《世界》経験は「憂鬱症患者」のそれに類似していると述べ、それを次のように特徴づけている。「世界が縁遠く、よそよそしく、不吉に、気味悪く見えるのである。世界の色は消え、呼吸は冷たくなる」[39]と。また別な個所ではこう述べている。「そこに見られるのは、絶対的なまったき絶望であって、全宇宙は病者のまわりで凝固して圧倒的な恐怖の塊と化し、初めも終りもなく彼をとり巻いてしまうのである。悪についての概念とか知的な知覚などではなく、血を凍らせ心臓をしびらせるぞっとするような、身に迫る悪の感覚であり、それが出現すると、その他の概念や感覚は一瞬たりともおこることができないのである[40]」。

そして彼はこの一節に続けてこう述べる。「ここに、助け給え、助け給え、という宗教的問題の真の核心がある[41]」と。

このようにジェイムズは、もっとも深い宗教的経験をおこなう個人の救済以前の存在仕方（ハイデガー的にいえば、彼の「世界・内・存在」の様態）の鋭い表現が、根源的な存在論的な疎外を蒙っている「憂鬱症患者」、つまり今風にいえば鬱病患者あるいは統合失調症患者の《世界》経験のうちに見いだされることに注目し、さらに彼はこうした個人を「第二の誕生を熱望する者たち[42]」・「二度生まれの人間[43]」と名づけた。というのも、こうした人間は自己の自己からの、また《世界》からのかかる疎外と分裂からの救済を渇望し、それ故こうした分裂した自己の死とそこからの再生を必要としている個人だからにほかならない。

このジェイムズの視点は『宗教的経験の諸相』において決定的なものである。彼はこの視点の導入によって、「宗教的経験」という同じ言葉を使ったとしても、「健全な心の持ち主」にとってのそれと「病める魂のひと」にとってのそれとはけっして同一ではないことを明らかにし、一つの同一の宗教を、したがってまた諸宗教を共通していわば横断し二分する宗教的経験の複層構造を鮮明にし、この事態のなかにこそ宗教経験の本質を探るという新たな視点を開いた。たとえば彼はこう述べている。「ふつう、苦痛‐鬩の一方の側で暮している人が、他方の側で暮している人とは違った種類の宗教を必要とするのは、当然なことではあるまいか。ここに、要求の型が違うとそれに応じて宗教の型も異なるのではないか、というこの両者の相対関係の問題がおのずから生じてくる、そしてこの問題は、今後なおずっと重要な問題となるであろう」[44]と。

と同時に、彼はこうもつけくわえる。「私たちは、病的な心のほうがいっそう広い領域の経験におよんでおり、その限界のほうがひろいと言わねばならぬように思われる」[45]と。まさに『宗教的経験の諸相』は、こうした視点を基軸に据えることで織りなされるのであり、その探求の重心は「病める魂のひと」の実存的な救済経験として成立する回心経験の探求に置かれるのだ。（これはまったくの推測の域を出ないのであるが、くだんの論考を執筆していた頃の西田はこのジェイムズの世界喪失・世界疎外の経験記述にきわめて大きな共感を抱いたのではないか？　本章の注3に取りあげた小坂国継や藤田正勝の指摘を考えても、この推測はそれほど無理がないと思われる。なお二点ばかりつけくわえておきたい。第一点は、この「病める魂」に焦点を据えるジェイムズの視点は「罪人」を「病人」として捉え返したくだんのイエスの視点のもっとも鋭く豊かな現代的継承だと評されるべきだということである。第二点は、トーマス・マンの『ファウスト博士』は「芸術家気質」・「芸術家」的洞察力はまさに「病める魂」の契機を内に含むことなしには成立しないことを力説する観点から書かれた小説だということである）。（参照、拙著『否定神学と《悪》の文学Ⅱ　マンの『ファウスト博士』とニーチェ』アマゾン・kindle電子書籍、二〇一五年）

さてそこでわれわれのテーマとなるのは、こうしたジェイムズの観点と西田の視点とのあいだに生まれてくる重要な共通性である。宗教的回心経験の本質に関する両者の主張は驚くほど似通っている。ジェイムズの指摘してやまない「二度生まれの人間」にとっては世界がまったく疎遠化するという事態は、当然ながら、かかるタイプの人間にとっては自己に対するまったき絶望が生じるということと相関しているはずである。一言でいえば、善き生へ達する如何なる「自力」ももはや自分には失われたという絶望、おのれの罪業性あるいは《根源的弱さ》への思いに打ちのめされたという過酷な内的経験こそ「二度生まれの人間」を定義するものとなろう。だが他方からいえば、まさにかかる自己認識こそが宗教的回心の前提にほかならない。この点で興味深くもジェイムズは、「プロテスタント神学がこういうもろもろの経験にあらわれている精神構造といかにみごとに一致しているか[46]」と述べている（当然、われわれは誰よりもまずルターの回心経験を想起するであろう。もっとも、同時にわれわれにとって興味深いのは、プロテスタンティズムは、彼も指摘するように、こうした存在論的疎外からの救済経験に対していちばん親和的である神秘主義的宗教経験に対して多くの場合警戒的で非親和的であるという事情である。この両方の認識においてジェイムズとオットーとは深く呼応している）。（参照、本書・第四章）

重要なことは、右にジェイムズが問題にした「一致」点を、今度は西田が親鸞とイエス＝パウロの思想のあいだに見いだし、その点を彼独自の意味で「終末論的なるもの」と名づけたことである。言い方を換えれば、西田にとってジェイムズの捉えた回心経験の核心は道徳的挫折の果ての「絶対他力」の発見にほかならない。

回心が生じたときの心理状況に共通して認められる恩寵の契機について、ジェイムズは次のようにいう。「回心の最中、回心者には自分が上から自分の上に行われる驚くべき変化の受動的な傍観者ないし経験者であるようにおもわれるにちがいない」[47]と。あるいは「そして個人的な意志が放棄されたあとでは、つねに、ある高い力が外から流れ込んできてそれにとりつかれてしまったような感じがする」[48]（傍点、清）と。彼によれば、「高い力によって操縦されているというこういう感情」はまさに「回心の体験に直接属しかつ回心者を満たす感情」に照応している。

さらに注目すべきは、ジェイムズが回心経験の「感情的経験の特徴的中心」を次の点に、すなわち、「たとい外的状態は今までと同じであろうとも、すべての苦悩がなくなったということ、結局は自分にはすべてが申し分なく行っているのだという感じ、平安、調和、生きようとする意志」[49]（傍点、清）のうちに見いだしていることである。回心が回心であるのは、これまでまったき疎遠性、嫌悪ならびに恐怖、無意味感のうちに見いだされていた世界と自己との関係が、いまや反対に、そのあるがままの在り方で完全に受容され肯定されることによってである。まさに「回心」という言葉にふさわしく、世界転覆・転換が起きるのだ。別言すれば、現在の拒否と密接に結びついた未来における「神の王国」の到来が問題になっているのではなく、現在に対する偉大な肯定・受容が問題になっているのだ。

この点でジェイムズの見解を顕著に特徴づけるのは、既に触れたように、彼がこうした回心経験を、これまでさまざまな宗教の神秘主義的伝統のなかに保持されてきた自我と宇宙との一元論的な融合・統合の経験にもっとも適合的であると見なしたことである。たとえば、精神治療家（die Mind-cure-Bewegung）に関して彼はこう指摘している。「人間のより高級な本性に関する精神治療家たちの見解も、はっきりと汎神論的であって、キリスト教徒の見解とはかなり異なっている」[50]と。さらに神秘主義に関してはこう述べている。「それは全体的に見て汎神論的で楽観論的である。あるいは少なくとも悲観論的の反対である。それは反自然主義的であり、二度生まれあるいはいわゆる別世界的な精神状態ともっともよく調和する」[51]と。

さらに次の彼の指摘は、西田の「絶対現在の自己限定」という思想をわれわれに想起させるものとしてきわめて興味深い。ジェイムズはこう述べる。「例えば、永遠には時間がないという教義、私たちが永遠者の中に生きるなら私たちの『不滅』は未来のことであるよりも、むしろ今、ここでのことであるという教義は、今日、一部の哲学者たちの間でしばしばとなえられているものであるが、あの神秘主義の深い地平線から浮かび上がってくる『聞け、聞け！』あるいは『アーメン』に支持されているのである」[52]（傍点、清）。

こうしたジェイムズの考察はわれわれに何を示唆するであろうか？

明らかに、ここに記述された宗教的経験は、その汎神論的かつ一元論的な融合的性格と現在の偉大な肯定という点で、ユダヤ＝キリスト教の終末論的観念に適合的であるより、はるかに東洋の諸宗教（私からすれば、グノーシス派も）に特徴的な「神人合一」的救済経験に適合的である。とはいいえ、それをジェイムズは、もっぱらキリスト教的神秘主義の提起する宗教経験とそれに呼応する西欧における「二度生まれの人間」の実存経験の記述から引きだしているのだ。

この点で『善の研究』を振り返るならばわれわれは次のことに気づかされよう。すなわち、キリスト教神秘主義と東洋の諸宗教とをその宗教経験の最深の核心において重ね合わせ、そこに洋の東西を超えた普遍的共通性を見ようとした『善の研究』の観点が既に如何にジェイムズの考察と親和的であったかを。（なお、この問題をめぐって期せずして成立するオットーとジェイムズならびに西田との関係については、参照、本書・第四章・「オットーと西田を架橋する試み」節）

『善の研究』に欠けていたものとは？

再び問おう。では、「場所的論理…」はジェイムズを媒介とすることで『善の研究』に何をつけくわえたのであろうか？

ここで私は次の推論を立てる。西田は前述のジェイムズの「二度生まれの人間」という視点に触れることで、『善の研究』が展開した汎神論的な救済論理（私の言い方を用いれば）を、本書の度々使用してきた言い方をすれば《宇宙的全体性への主体転換》によってではなく、飽くまでも「二度生まれ」の実存的必要を必死の想いで生きている生身の個人、さらに言い添えれば、我が身をひたす名指すこともうまくできないほどの罪業性・《弱さ》・悲哀の感情に責め立てられ慄く「二度生まれの人間」に寄り添い、この個人こそを主体にして救済の論理を語る、そのような言説構造を切り開く新たな試みへと進もうとしたのではないか?

たとえば『善の研究』にこういう一節がある。「元来絶対的に悪というべき者はない。物は総てその本来においては善である。全実在は即ち善である」・「悪は宇宙を構成する一要素といってもよいのである」・「宇宙全体の上より考え、かつ宇宙が精神的意義に由って建てられたるものとするならば、これらの者(罪悪、不満、苦悩等のこと、清)の存在のために何らの不完全をも見出すことはできない、かえってその必要欠くべからざる所以を知ることができるのである」と。[53]また既に引用したが、「罪はにくむべき者である、しかし悔い改められたる罪ほど世に美しきものもない」という言葉もある。

しかし私には、こうした一連の言説はあまりに主知的であり、超越的に過ぎ、客観主義的であり、まさに「宇宙全体の上より考える」視点、つまり《宇宙的全体性への主体転換》の視点――ニーチェの言い方を借りれば、「高所からの鳥瞰的考察」――に終始しており、そこからは「二度生まれの人間」の苦悩の主体性は消えてしまっていると映る。右の最後に引いた言葉を援用すれば、「悔い改められたる罪」をして「世に美しきもの」となさしめる力あるいは資格をもつ、その「悔い改め」の内的な主体的な精神の構造がいっそう深く掘り下げられて語られなければ、右の言葉はキェルケゴールがヘーゲルを論難して述べたような、たんに事柄を外側から、自分の実存的な一回的で単独的な立脚点を投げ打って、みずからは実は一度も立ったことがない「宇宙全体の上より考える」立場に立って物事を語る神学者のよくする弁神論（神義論）、苦悩する個人の実存的内面性には一指も触れることはないところのそれ、その域を一歩も出ていないと映る。

私は、まさに西田にとってこのことが問題となったのではないかと推測するのだ。『善の研究』には論理はあっても、あの打ちひしがれた絶望から出発して「絶対他力」によって奇しくも救済されるという実存体験、いいかえれば『善の研究』が問題にした自力的自負から他力への信に卒然と切り替わる「転換」の、その回心的性格のいっそう鋭い押し出しがまだない。そう西田は思い至ったのではないのか？　そして、そのような回心的転換を明瞭に浮かびあがらせるためには、如何ともしがたいおのれの《根源的弱さ》とそれが生む罪業性に直面し、一切のこれまでの道徳的な自力的努力が頓挫し躓くという契機、これを明示し、問題の道徳的次元と宗教的次元との差異の深淵を主題化すべきことに思い至ったのではないか？

自力挫折こそが他力覚醒の根拠

かくて西田は論考「場所的論理…」にこう書く。

「道徳的と云っても、対象的に考えられた道徳的善に対する自己の無力感からだけでは、如何にそれが深刻なものであっても、その根底に道徳的力の自信の存するかぎり、それは宗教心ではない。懺悔と云っても、それが道徳的立場においてであるならば、それは宗教的懺悔ではない。普通に懺悔と云っても、それは自己の悪に対する後悔にすぎない、自力と云うものが残されて居るのである。真の後悔と云うものには、恥と云うことが含まれていなければならない」[54]。

この「恥」というのは、実は依然として残り続けている自力への自負が、自分に覆い隠していた自分の抱える《根源的弱さ》とそれが生む罪業性についての恥、それをこれまで自覚できなかった自分への恥であろう。裏返しにいえば西田にとってそれは、自分がこれまで実のところ全然依拠することができずにきた「宇宙の内面的統一力」に対する恥ということになろう。そして、西田の抱く思想からいえば、この「恥」が梃子となって、個人は初めて自己の根底から響き渡ってくる「宇宙の内面的統一力」の呼び声に対する閾《しきい》を解き、その呼び声に耳を澄まし、それを迎え入れる直観を働かせ、それに全面的に自己を依拠せしめることを学びだすのである。

実は、この「宇宙の内面的統一力」を直覚する能力は、個人の自我が自分の道徳的自力を軸にしていわば「自力」信奉的な仕方で自分を考えている最中には働くことがなかったものとして問題にされている。そこにはキリスト教が培った西欧的な道徳主義的自我――未だ「自己」に到達し得ないでいるところの――の問題構造に対するユングの批判的認識と類似した認識がある。神にしろくだんの「宇宙の内面的統一力」にしろ、それを意識の「対象」とすることは、既にそれからおのれを切り離し、距離を取り、まさにこの距離化・後退・切断によっておのれを反省的意識の狐疑逡巡と《悪》の無意識化＝影化へと引き渡すことだが、それは本質的にそのような形で道徳的であらざるを得ない反省的＝自己審問的な《自我》にまとい憑いた運命なのである（参照、本書第三章）。この問題の遠近法から見れば、「自力」信奉的であることは――ユング的にいえば――「自我」の存在境位そのものなのだ。

しかし逆説とは、このことへの恥があり、「自我」的存在者としての自分への根源的絶望が生まれるからこそ、そのような救い難い《自我》存在である自分を救済してくれる「絶対他力」として、神ないし「宇宙の内面的統一力」の発揮する慈悲あるいは愛が問題となるということなのだ。西田によれば、この絶望が、またこの絶望のみが「回心」を引き起こす。この意味で西田は、道徳的次元から宗教的次元を鋭く区別して、「宗教の問題は、我々の自己が、働くものとして、如何にあるべきか、如何に働くべきかにあるのではなくて、我々の自己とはいかなる存在であるか、何であるかにあるのである」[55]ともいう。このことを指して彼は、回心において生じるのは「我々の自己の立場の絶対的転換」[56]であるともいう。自力の立場は、くりかえしいえば、自分を自由な自己決定的主体と見なし、その自律の力を頼みとする自我の道徳的主体性の立場にほかならない。だが、自我たるおのれへの絶望の果てに、しかしながら、神の恩寵あるいは計らいによって自分が救済されたと感じる経験は、自力の立場・自我の立場を放棄し、まさにその恩寵によっていまや自分を神の愛ないし慈悲に根源的かつ全的に委ねることができたという経験にほかならない。それが回心である。回心において人間が見いだすのは、自己の根底には自分自身を超越した神ないし絶対者の力が働き、いまや自分はその力と一体となって、その力そのものに促されてかく存在し、その力そのものの実現として自分をかく存在せしめるということにほかならない。かくて西田はいう。「信仰は恩寵である。我々の自己の根源に、かかる神の呼声があるのである。私は我々の自己の奥底に、何処までも自己を超えて、而かも自己がそこからと考えられるものがあると云う所以である[57]」と。かかる回心なくして宗教の次元は成立せず、したがってまた宗教は如何なる場合でも西田によれば「絶対他力」の経験である。まさに、この問題認識において西田とジェイムズとはぴったりと重なるのだ。

　またこの点で、西田はイエスの思想のなかに――パウロをとおして――むしろ罪人こそが、あるいはまたジェイムズ的にいえば「二度生まれの人間」こそが、その後悔ないし悲歎の極まりにおいてこの「回心」という場に追い詰められるが故に、実はその心性・心根・深層意識のレベルに根差す彼・彼女の深層的世界観の根本的転換による新しき生命感情の獲得に至るという宗教的逆説、これを見て取ったのではなかったか？　I巻『妬みの神…』第II部第一章や第八章で触れたように、パウロがイエスの十字架での死の象徴的意義に触れて、「あなたがたもまたキリストの死のからだをとおして、律法に対して死んだのである」と述べたうえで、イエスの死後復活になぞらえて、キリスト者もまた「文字の古さではなくて霊のあたらしさに〔略〕隷属する」、新しき「神の僕」としての生命の復活を得ると語るとき[58]、そこで示そうとするのは、そうした――「死して生きる」――新しき生命感情の獲得に至る回心・新生であった。

　西田が『善の研究』で、先に紹介したように、「罪はにくむべき者である、しかし悔い改められたる罪ほど世に美しきものもない」と語ったとき、既に彼は右に述べた事柄をこの言葉に託していたに相違ない。とはいえ、後悔が真の生命感情の獲得に転回するというこの回心の逆説弁証法が、それにふさわしく記述されるためには「場所的論理…」を待たねばならなかったのだ。

　こうして最晩年の西田の宗教哲学は人間存在の根源的罪業性あるいは《弱さ》の自覚という問題に、そしてこの自覚が生みだす宗教的回心の成立構造、その動力学《ダイナミズム》の問題に集中していくものであった。

西田幾多郎における実存論的視点（個の一回性）の摂取

　誰しもがいうように、西田幾多郎は、東洋の諸宗教とりわけ仏教における救済経験、くだんの「神人合一」の形而上学的経験を彼の思想の基礎とし、それに適切な論理的＝概念的表現を与える哲学的努力をとおして、一つの独創的な世界観を構築した近代日本のもっとも重要な哲学者の一人である。この経験に西欧哲学由来の諸概念を使って西欧にも通じる概念的＝論理的表現を与えるという西田の試み（だからこそ彼にとってはジェイムズが一個の範例的存在となった）は、おのずから西欧の世界観との、なかんずくキリスト教的世界観との対話的な対決の過程となった。

　一般にそうした対話的対決の関係性には双方的な教え合いの関係が含まれる。つまり、相手の抱える問題に対してそれをいっそう正確に表現し展開する論理が我にあり、他方逆にこちらの抱える問題をいっそう正確に主題化し展開する論理が相手方にあるといった彼我の関係性、それこそがこの対話的な対決の過程を駆動するという問題である。西田に即して具体的にいうなら、キリスト教神秘主義の汎神論的経験には仏教的形而上学の論理が教えるところ大であり、他方救済経験の内奥を物語る実存的個（単独者）と宇宙的全体性とのあいだに張り渡される緊張に満ち満ちた回心経験の葛藤的ダイナミズムを論理化＝言説化するうえでは、キリスト教文化がいわば自分の鬼子のように育てあげた西欧の実存思想の系譜が教えるところ大である。そういった問題である。

実に西田の宗教的世界観においては、個人の実存的な唯一性・一回性の問題は際立った重要性を獲得する。「絶対矛盾的な自己同一」という彼の独特な弁証法は個人におけるおのれの唯一的実存性の自覚という問題と切り離すことができない。一般に仏教的人間観はその「無我」の思想によって特徴づけられるが、西田の場合「無我」へ至る道は、それとは反対の鋭い自己の唯一性、一回性についての、いいかえれば宇宙の内的統一性の真逆である癒し難い分裂性（世界と我との、また自己自身の）についての実存的意識の道を通ってのみ可能だと見なされた。両者は彼の論理のなかではまさに「絶対矛盾的自己同一」として背中合わせになっているのである。そうした西田における個人の実存的唯一性の強調は、ユングもまた東洋思想と西欧思想との根本的相違として強調していたように、西洋的個人主義（＝自我主義）の本質的構成要素の一つであるキリスト教的主体性あるいは内面性との対話的な対決を抜きにはけっして西田にもたらされなかったものなのだ。*（参照、本書第三章・「キリスト教的自我としての西欧的自我」節、一〇三〜一〇五頁）

またそれは、前述したように、ヘーゲルの全体論的発想を批判するキェルケゴールの「単独者」という実存的立場への共感を秘めるものであった。たんにキリスト教神学の弁神論（神義論）にまといついた視点の外在性（西田的にいえば、いわば逆向きにされた「対象論理」に終始し、《神》

を自己の根底から内在的に出現して自己を革新する《力》として語る主体的・実存的な内在主義的発想を欠く）への批判のみならず、実は仏教の側にある倫理的緊張を欠いた「安心《あんじん》」主義――まさに「神人合一」観念の安易な「自力」的理解から由来する――に対する批判をも意味していた。

しかも、この最後の問題契機は、西田を当時の（否、それは現在にもそのままあてはまると、私は考える）日本仏教の現状に対する厳しい批判へと、さらにいえば日本人の宗教性に対する厳しい自己批判へと導くものであった。

＊**キリスト教的「良心」とニーチェ**　かつてニーチェは次のように述懐した。すなわち、自分の如き苛烈なるキリスト教批判者を生みだしたものは、実はいかなる自己欺瞞も許さないとする「キリスト教的道徳性そのもの、いよいよ厳しく解された誠実性の概念、科学的良心にまで・一途一徹の知的清廉にまで翻転され昇華されたキリスト教的良心の聴罪師的鋭さ」にほかならなかったと。(59) ここに表明されている問題は西田哲学を考えるさいにも重要となる。

終末論というテーマの摂取と日本仏教への西田の批判

ここでわれわれは、西田の盟友である鈴木大拙が当時（西田の思索が「場所的論理…」に結晶化しつつある頃）或る友人に宛てた手紙の一節に注目しなければならない。そのなかで鈴木は日本仏教の現状を厳しく批判し、「今時の禅には悲の側面が足りぬ。従って社会的に働き出る機会を欠く」と書いた[60]。実にこの問題は宗教的回心についての西田の思想と直結している。同時にこの問題は、西田のおこなったキリスト教における終末論思想の高い評価に結びついている。そして、三木清がおこなった「東洋的自然主義」に対する批判とそれを結びつけるならば、われわれはこの批判が近代を生きる日本人のアイデンティティ問題の核心に直結する問題であることを理解できよう[61]。

およそ人をして他者との真剣な対話に入らせしめるものは、その人間における自己批判の鋭い意識ではないだろうか？　自己批判の鋭い意識なくして他者との真剣な「対話」はあり得ない。西田の哲学的営為はキリスト教的世界観との厳しい対話的な対決の情熱に満ちたものであったという場合、われわれは西田の側のこの自己批判の契機への注目を欠いてはならない。

この西田による日本仏教の自己批判という問題の環をなすものこそ、彼のきわめて独特な意味を帯びた「終末論」というテーマなのだ。彼の使用する「終末論」という概念は、彼自身が強調しているようにキリスト教のそれとは異なっている。むしろそれは、まず最初に浄土仏教、なかんずく親鸞の始めた浄土真宗の「末法思想」からその思想的モティーフを汲み、次いでそのモティーフとキリスト教の終末論のなかに孕まれている類似したモティーフとを重ね合わせることによって、彼独自の概念として形成されたものである。したがってそれは彼独自の特異な概念といえるが、同時に彼におけるキリスト教終末論との対話＝対決のありようを鮮やかに物語るものでもある。この点でわれわれは、西田のなかでこの概念がどのような問題を担いかつまた担わないのかを分析することで西田哲学が抱える問題性を浮き彫りにすることができる。

では、西田において「終末論」はどのような問題を担うのか？

まさにこの問題こそがこれまで縷々述べてきた原罪とそこからの救済の問題であった。浄土教において「末法」とは、釈迦入滅後二つの時期を経た後に訪れる仏教退廃の一万年間を指し、この時期は《教えが説かれるだけで修行する者もなく、悟りを開く者もない》時期とされる。つまり「末法」とは人間の救済可能性が潰えた時代なのである。そして親鸞においてこの「末法」観念は、彼の他力救済の思想の不可欠な構成部分となることでたんに或る特定の時期の人間の救済不可能性を示す歴史的概念ではなく、あたかもパウロの創始した原罪思想と類似して、人間存在そのものに具わる罪業性の深さを指示する存在論的＝実存的概念へと発展する傾向を示す。西田はその傾向を明確に実存的解釈へと突き進め、この観点から親鸞の主張を受けとめた。

この点で、西田の思索過程は、あたかも二十世紀のキリスト教神学においてカール・バルトを嚆矢として「キリスト教神学の全体的な終末論化」がおこなわれ、聖書の終末論的言説が歴史的言説ではなく、人間の根源的な実存状況を象徴的に物語るものとして実存的＝存在論的に解釈され、そのようにして「現在化」される成り行きときわめて類似している。この「現在化」とともに、神による救済を終末論的未来に設定する未来主義の構造を本質的属性とするキリスト教の終末論において、それにもかかわらず、救済の現在性を主張する「永遠の今」の観念が鋭い緊張をともなって浮上せざるを得なくなる。同様に西田においても仏教的立場からではあるが、時間の三次元性として展開する「歴史」の立場と、他方、過去および未来という二つの次元を現在という次元へといわば還流させ溶解させてしまう「絶対現在」の立場、この両者の関係を如何に把握するかという問題がその終末論的議論の中心テーマとなる。

ところでまた、回心の論理をめぐる前述の西田における「悲」の意識の痛切なる堅持というテーマは、当時の日本仏教の社会的在り方に対する厳しい批判と直結していた。それが、先に紹介した鈴木大拙の書簡の一節が指し示す問題である。

そもそも鈴木にとって「今時の禅には悲の側面が足りぬ」という問題は実はたんに時評的な問題ではなかった。彼においてそれは日本人のもつ宗教性の本質にかかわる決定的な問題であった。彼は盟友西田に重大な影響を与えた『日本的霊性』のなかで、日本人の意識のなかで言葉の勝れた意味での宗教性は鎌倉仏教とともに初めて覚醒に到達すると述べ、宗教性に関する規範的概念を設定する立場から、宗教性を構成するもっとも本質的な契機として自我存在たる人間存在の根源的罪業性の自覚という契機をあげた。鈴木によれば、この点で日本文化は鎌倉期以前はかかる自己意識を欠落させていたから真の宗教性はもっていなかったのである（丸山眞男は明らかにこの認識を継承している。[62]ただし、彼はその継承性を明示してはいない）。「悲の側面」とは存在論＝実存論的次元ではこの問題を指す。

つまり一言でいえば、十字架の上でのイエスの死の神学的意味についてのかのパウロの解釈が、鈴木＝西田の「宇宙の内面的統一力」を軸に据える解釈のコンテクストのなかで、法然＝親鸞の浄土教こそが日本文化を真の宗教性の次元にまで引きあげたという理解をインスパイヤーするものとして働いたのである。

私が推測するに、鈴木が前述の発言をおこなったとき、おそらく彼は日本文化の問題性をいわば逆照射する鏡としてキリスト教のことを思い浮かべていたのである。もし「悲の側面」が十分に日本の仏教徒のあいだ存在していたのなら、あたかもキリスト教徒にとって「イエスに倣って生きる」ことが根本的な宗教的エートスとなるように、「阿弥陀仏に倣って生きる」ことが仏教徒の根本的なエートスとなるはずであった。阿弥陀は、万人が救済されないかぎり自分独りだけが悟りに達することなど求めないと宣言した。これが阿弥陀の「本願十八」であり大乗仏教の核心であった。阿弥陀の万人救済の慈悲を我がものにしようとするエートスは、必然的に人間の負う受苦に対する「社会的に働き出る」強力な連帯精神・共苦（compassion, Mitleiden）精神を多くの仏教徒のあいだに生みだすはずであった。しかし、鈴木が当時の（そして私は今日もなおといいたい）日本の状況のなかに見いだしたのは正反対の事態にほかならなかった。

この鈴木の批判は西田の最晩年の著作においてそのまままくりかえされる。そして西田の場合、きわめて興味深いことだが、その批判はドストエフスキーへの高い評価と結びついて次のようなかたちで表現されるのだ。そしてそこに西田における「終末論」の問題が姿を現す。たとえばこういう一節がある。

「併し従来の日本精神は、島国的に、膚浅なる平常底に偏して、徒に自負して居るに過ぎない。

今日、世界史的立場に立つ日本精神としては、何処までも終末論的に、深刻に、ドストエフスキー的なるものをも含んで来なければならない。そこから新たなる世界文化の出発点ともなるのである[63]」。

そしてこの一節は既にその一部を引用した次の一節と呼応してもいた。「加之、今日の時代精神は、萬軍の主の宗教よりも、絶対悲願の宗教を求めるものがあるのではなかろうか。仏教者の反省を求めたいと思うのである。世界戦争は、世界戦争を否定するための、永遠の平和の為の、世界戦争でなければならない[64]」。けだし、戦争こそは、また「反戦」の叫びの一矢も放てぬ戦争への追随こそは、人間の《根源的弱さ》とそれが生む罪業性との暴露であり、かつ最大の象徴でなくして何であろう！いうまでもなく、ここで西田は「萬軍の主の宗教」という言葉でユダヤ＝キリスト教の宗教的文化的伝統を、「絶対悲願の宗教」という言葉で仏教を指示している。

なおここで付言すれば、これまで縷々展開してきた私の観点に立てば、「萬軍の主の宗教」は旧約聖書に体現される古代ユダヤ教のヤハウェ主義のそれであれ、またD・Hロレンス風にいえば黙示録的キリスト教のそれであっても、けっしてイエス自身の掲げる思想ではない。むしろイエス自身の宗教は——ニーチェが鋭く認識したように——かぎりなく「慈悲の宗教」たる仏教に近い。ただし、西田にはそういう両者の対立に関する問題認識は不在であるように見える。とはいえ西田は、おそらくニーチェによく似てこう考えていたのだ。キリスト教にはその本質において自分と異なる宗教や異端を否認し圧服しようとする好戦的な性格がある。これに対して仏教は本質的に絶対平和主義的である。だから、未曾有の世界戦争という悲劇に直面して仏教の平和主義こそが偉大な役割を果たすことが求められている。しかるに、当時の日本の仏教は国家神道に追随し自分もまた天皇制ファシズムの御用宗教の役割を買って出て、戦争讃美の走狗と化したのである。たとえ周囲から如何に「悲国民・売国奴」と謗られようと、「いますぐの停戦を！　講和を！　平和を！」と叫ぶこと、しかし、この叫びの一矢すら日本仏教界からは発せられなかったのだ（たぶん、例外はあるであろうし、私はそれを願うが）。まさに西田の批判はその点に向けられていた。

西田的終末論の特質とその問題性

かくて、「終末論」概念は西田において個人の宗教的回心における実存的個別性の契機を凝縮的に表現するものとして登場する。彼は同じく晩年の「予定調和を手引として宗教哲学へ」（一九四三年）という論文のなかでこう書いている。「我々の自己は絶対現在の瞬間的自己限定として、一々の瞬間に於いて終末論的立場に立って居るのである。現在が現在自身を限定する立場に於いては、一々の瞬間が世界の始であり終であるのである」[65]（傍点、清）。

この西田の主張は、彼が仏教的悟りの経験を「絶対現在の自己限定」と概念化するさい、この悟りの経験がどのような時間性の構造をとるのかという問題に直結している。その時間性の構造に関しては彼はこう述べている。「絶対現在の世界は、永遠の未来が永遠の過去に映されて居るといふ立場に於いて、すべてが予定調和的である、すべてが運命的である」[66]（傍点、清）と。

ここに提出されている時間性の構造は西欧的な時間観念からすれば時間性の空間化と批判されて然るべきものであろう。悟りの経験を構成する時間は、先立つ原因が後に生じる結果を一方向的に決定する機械論的決定論の直線的な時間でもなければ、最初は潜在的可能的なあり方で胚胎していた本質が時間の経過とともにその構成要素を次々と実現し、そのようにして構成要素の有機的全体性を形成することで自己の完全な実現に到達する、目的論における直線的時間でもない。ここで問題となっている時間は西田によって、そこでは過去と未来があたかも互いを互いに映し出すような円環的関係性をかたちづくる構造において捉えられている。

たとえばこの点で、西田は悟りの経験を生きる自覚の運動の根本的な空間優位的構造についてこう述べている。「我々の自覚は単に時間的過程によって考えられるのではない。絶対現在の自己限定として、現在が現在自身を限定することからは始まるのである。時間的過程は、却ってかかる場所的自己限定として成立するのである。終が始にあるのである。〔略〕云はば空間的である。故に自己の中に自己を映すと考えられる。目的的過程のごとく直線的ではなく、円環的である。全体が始から現れて居るのである、働いて居るのである。〔略〕云はば時間的に対して空間的過程である、否、過程なき過程である」[67]（傍点、清）と。

この場合、悟りが誕生する個人と全宇宙との「神人合一」の神秘的な溶融の経験は、全宇宙の構成要素と個人の存在とのたんに空間的な地平での溶融の経験としてだけでなく、時間的な地平での、つまり過去ならびに未来との現在における全体的な溶融の経験・時間溶融の経験としても感得される。そうであってこそこの溶融経験は「絶対現在の世界」経験、つまりは「永遠の今」経験として成立する。それが《時間性の空間化》の意味である。(この点で、それをニーチェのいう「根源的一者」の無目的な「生成の無垢」の全体性と比較することは興味深い)。(参照、本書第一章・「創造主的人格神宗教の棄却」節)

とはいえ、仏教的な悟りの経験を「絶対現在の自己限定」として概念化する西田の思想において独創的なのは、実はたんにこうした円環的に空間化された時間性の構造を提出したことにあるのではない。西田の独創性は、この神秘主義的な溶融経験が同時に救済を求める個人のおのれの実存的個別性、その存在の一回性・唯一性についての鋭い実存的自覚と一体となったところに成立することを強調する点にある。西田が悟りの経験において完成される個人の「自覚」の成立構造をくりかえし「絶対矛盾の自己同一」と呼ぶのは、この点にかかわっている。

西田は自分の提出する仏教的悟りの経験が「汎神論」として理解されることを幾度も拒否した。そこには二つの問題が絡み合った形で存在する。一つには、それは「絶対者」についてのあらゆる実体主義的な理解を退けようとするいわば絶対関係主義の立場に立つ仏教的な「空」の概念にかかわっている。西田の観点からすれば、キリスト教のなかの神秘主義的潮流の汎神論的な世界観は、つねに「絶対者」の「一者」性を実体化してしまうという限界(西田のいう「対象論理的」限界)を抱かざるを得ない。というのも、キリスト教は如何にしても神による宇宙の「無からの創造」という立場を捨てることができない以上、キリスト教的世界観は《創造主＝被造物宇宙》の二元論を、いいかえれば「対象論理的」な世界態度を遂に克服することはできない。神秘主義的潮流はまさにその克服を望むにもかかわらず。

しかし問題はたんにその点にあるだけではない。第二に、そうした実体主義の内部にとどまっている汎神論的な一元論では、回心に到達する悟りの経験の一方の本質契機である個人の実存的自覚の契機を論理的に掬い取ることができないのである。西田は「場所的論理…」にこう書いた。「ギリシャにおいては、真の個人の自覚というものはない。［略］無論、印度においてはなお一層個人の自覚というものはない。［略］印度文化は近代ヨーロッパ文化と正反対の文化である」と。[68]

なるほど、西田においても悟りの経験のなかで個人が究極的に到達するのは、自己を自己の側からではなく絶対者の側から、つまり全宇宙の側から、この宇宙的全体性（絶対的一者）の「自己表現」の一契機・一側面として再把握する回心的経験である。西田の概念を使えば、この時点において悟りに達した個人はおのれの存在を、そこに全宇宙が映し出されている、いいかえれば、絶対者が自己をそこに映し出すことによって自己表現に到達する一個の独特なる鏡、「配景的な一中心」（全体宇宙のさまざまな光景を周囲に配するところの一個の独特なるパースペクティヴの中心、という意味）として実現するのである。この関係を指示する西田の概念が「絶対現在の自己限定」である。とはいえ、この「大我」的自己了解が宗教的な回心の鋭い自覚としてあるためには、この「大我」の意識は同時に自分をまさにその痛切な燃え立つような「配景的一中心」性において、つまり唯一なる自己の実存性において、鋭く意識していなければならない。個が個であるのは、それが全体に対立して自己を自己として措定する、その全体性への背反性によってである。だが他方からいえば、悟りが悟りであるのは、個が自己の個たるこの背反性をみずから否定して、自己を全体そのものとして、全体の——一個の独特なる——自己表現として掴むことによってである。だがまた、もし悟りが個の全体へのまったき没入を意味するのであれば、実は悟りは悟りではない。それが何であるにせよ、それはもはや回心という宗教的性格を失っている。いいかえれば、宗教的回心の経験は自己を全体への背反性において捉える意識の契機と、自己をまさしく全体との一体性において捉える意識との矛盾的な不思議な統一として成立するのであり、救済経験のいわば弁証法は、自己の背反性の鋭い自覚の頂点でこそ一転して自己と全体との融合的経験がまさに救済の経験として成立するという、その力学・ダイナミズムにある。

最晩年の西田がくりかえし強調してやまなかったのはこの反転の力学であった。きわめて印象的なのは、《個が個であるために抱えねばならない全体への背反性》を西田がくりかえし強調したことである。「絶対現在の自己限定の世界は、之に反して絶対の否定を含む世界でなければならない。極悪を含む世界でなければならない[69]」、「我々の自己の存在は罪悪にあるのである[70]」、「……何処までも唯一なる個として意志的である、反逆的である[71]」、と西田は述べている。そしてそこでの全体との溶融経験にほかならぬ仏教的悟りの経験は、「人の考えるごとく諦観的と云うことではなくして、一々の瞬間に於いて絶対者との対決の立場に立つと云うことでなければならぬ[72]」（傍点、清）とも述べる。西田が「終末論的立場」について語り、この立場においては「一々の瞬間が世界の始であり終である」（傍点、清）と述べたのは、回心とは、個人が自己の実存の絶対的な唯一性・一回性の意識の先端において絶対者との溶融を達成することだという事情をいわんがためである。[*]

＊西田とドストエフスキー

先に示したように、西田が研ぎ澄まされた「終末論的」意識の模範的なあり方をドストエフスキー文学のなかに見いだしたのは、西田にとってそれがくだんの背反性が救済へと反転する回心の力学のもっとも鮮やかな文学的表現と思われたからである。人はここで、西田自身がわざわざ要約紹介している『カラマーゾフの兄弟』のなかの「大審問官」の章、あるいはその直前のドストエフスキー自身によって「長編の頂点」と自認された「反逆」という名の章における、救済を欲しながらも神を拒絶するイヴァン・カラマーゾフのあの有名な神への反逆的言説、あるいは『悪霊』のなかで「完全な無神論者は完全な信仰に達する、最後の一つ手前の段に立っておる」という僧正チホンの言葉とそれをめぐるスタヴローギンと彼のやりとり等を思い出さねばならない。西田が心を打たれたのは、まさにこの反逆がその研ぎ澄まされた人間の罪業性の意識の故に実は宗教的回心へと反転する最大のエネルギーを秘めているというドストエフスキー文学のテーマだったのだ。

なお西田が終末論的自覚の模範として取り上げた前述の回心の諸場面は、ドストエフスキーにおいて、同時に人類の「黄金時代」とその回復というキリスト教的な終末論的ヴィジョンがもっとも鮮やかに語られる場面でもあり、「幼児虐待」という主題を核心にして神の創造したこの世界について痛烈な異議申立てがなされ、弁神論（神義論）の問題が最高の緊張に達する場面でもある。かつそれはドストエフスキー自身がかつて熱烈な、きわめてユートピア的で形而上学的な「キリスト教的社会主義」の信奉者であったという事情と切り離しがたく結びついていた(73)。この問題側面においては、ドストエフスキーのなかの終末論的契機は、その土台にあくまで「世界を空間的・時間的に客観形成的と見る」というキリスト教的思考（次節）を据えている。西田は「客観的世界と云うものが背景とならない所に、苦悩も、罪悪も、救済もない」と述べているが、まさに、ドストエフスキーの提出する神への信仰か拒絶かの問いの鋭さはこの問題契機に深く結びついていた。

もう一点。私はⅠ巻『妬みの神…』でイエスの救済思想を、人間の救済をひとえに絶対正義が支配する「義人の王国」の建設に置く古代ユダヤ教から『ヨハネ黙示録』へと至る思想の系譜と明白に異なるもの、むしろそれに対立する別なヴィジョンを提起するものとして問題にし、かつこの対置はドストエフスキー文学において明確に自覚されていたと主張した。西田のキリスト教ならびにドストエフスキー認識にはかかる問題はまだほとんど成立していないと思われる。参照、Ⅰ巻『妬みの神…』第Ⅱ部第一章・「戦争神ヤハウェの拒絶」節、前述の第一章につけたドストエフスキーに関する補注「《人間の根源的弱さへの憐れみの愛》の思想とドストエフスキー」、ならびに拙著『否定神学と《悪》の文学Ⅲ　ドストエフスキー的なるものと『罪と罰』』アマゾン・kindle電子書籍、二〇一五年。

キリスト教的「客観形成的歴史性」に対する西田のアンビヴァレンス

最後に私は、西田的終末論の仏教的性格にかかわって、彼が「予定調和を手引として宗教哲学へ」のなかでおこなっているキリスト教的世界観と仏教的世界観との興味深い対比を取りあげたい。実にこの問題は、先の『善の研究』と論考「場所的論理…」とのあいだに横たわる二つの問題」節で取り上げた丸山のユダヤ＝キリスト教的世界観への評価問題と呼応する関係にあるのだ。すなわち、ヒンドゥー教・仏教・道教等の諸宗教の「根本的に『空』の直観をめざす汎神論ないし汎心論」的な観想的世界態度に対するユダヤ＝キリスト教の強烈な道徳主義的性格をもつ行為的世界観の対立性の問題に。

まず西田はこの論文においてユダヤ＝キリスト教の根本的性格を「歴史的」と規定する。[74] それは、その世界観が世界を神の創造と考え、この創造を、人間の堕罪と、その原罪から人間を救済すべくなされたイエスの受難と復活、それによる人間の救済の開始、「神の支配する国」の実現とそれによる神の御業たる世界創造の完成という一続きの終末論的なパースペクティヴのなかに置く点を指してのことである。これに対して、仏教的世界観は「非歴史的」と特徴づけられる。[75] それは、「仏教では、此の世界は何処までも作られたものから作るものへと、歴史的に因果必然の世界、業の世界である。無限なる生滅の世界、単なる苦悩の世界である。絶対に脱離の途はない」[76] からである。いうまでもなく、キリスト教においてはこれに反して「脱離の途」が、つまり「神の支配する国」

の到来が、歴史の端緒に置かれた未だ人間が無垢のままに安らっていた楽園的ヴィジョンと並んで、或る意味でのその復活として、まさにその終末論的な遠近法《パースペクティヴ》における歴史の究極的目的、神の創造の御業の完成として思い描かれ、かつ人間はこの目的をおのれの歴史的実践をとおして実現しなければならないとされる。

この点で、西田は「歴史的」という規定と「時間的」という規定を区別して、興味深くもこう述べる。「私は嘗て東西文化を比較して、キリスト教は空間的、仏教は時間的と云った。〔略〕キリスト教は此の世界を空間的・時間的に、客観的形成的と見る。仏教は、之に反し、時間的・空間的に生滅の世界と見るのである」⑺と。つまり、ユダヤ＝キリスト教では楽園、罪業の世界、実現された「神の支配する国」という三つのはっきり区別されそれぞれ独自の秩序によって構造化された世界空間が表象され、こうした「客観的形成的」な表象のもとに、一つの世界空間の他の世界空間への劇的転換として歴史の時間性が発想されるのだ。

したがって三木清が強調したように、この歴史観のもとではそうした劇的転換が生じる「危機」という歴史的瞬間が特別な意味を獲得する⒅。ヘーゲルの即自・対自・即且対自の三分法的弁証法が典型的に表現しているように、またヨーロッパでの熱烈な革命的行動を生みだすユートピア的社会思想がつねに黄金時代の革命的回復としてみずからの革命的行動を終末論的な仕方で表象するように、西欧的歴史的意識は根本的にユダヤ＝キリスト教的である。前節の補注でも触れたように、まさにドストエフスキー文学はそれを根本的な背景として成立する。

他方仏教においては、その根本的な無常観の故に歴史におけるそうした世界空間の区別はそもそも意義をもたない。歴史の時間性はあらゆる固定性を無化してゆく永遠的苦悩の終わりなき流動と循環の継起としてのみ発想される。したがって、キリスト教においては時間性はそうした構造化された世界の空間的優位性のもとに包摂されるが、他方仏教においては、世界の空間的固定性は絶えず時間によって無化されてしまうものとして時間性の優位性のもとに包摂されてしまっている。

そのように西田は問題を認識したのだ。

この西田の議論において注目すべき点がなお二点ある。

第一の点は、世界を「客観的形成的」に捉えるキリスト教と仏教の「非歴史性」との対比にかかわって、「併し客観的世界と云うものが背景とならない所に、苦悩も、罪悪も、救済もない。そこには何等の宗教も成立しない」[79]と彼が述べている点である。西田や鈴木大拙がどのような批判を当時の日本仏教の現状に抱いていたかは先に触れた。右の一節が孕んでいる批判的な含意、敢えていえば自己批判的な含意は明らかであろう。鈴木や三木の言葉を使えば、無常観がその無常観の故に脱倫理的な審美主義的方向へと流れ、あるいは「非の側面」を欠いて「膚浅なる平常底に偏して」しまうこと、それへの警戒を西田はここで語っているのだ。[80]ドストエフスキー文学の頂点をなす神への信仰かそれとも反逆的拒絶かの問いも、前節の補注で述べたように、まさにこの点にかかわる。

とはいえ、くりかえしになるが、西田の立場は飽くまでも仏教の側にある。そのさい、仏教の無常的世界観と、それに抗する激しいおのれの罪業からの救済の欲求とを仏教の側で統一する立場、それが彼にとっては親鸞の浄土真宗の思想であった。彼はこう書いている。「永遠の苦悩の世界は、一面に仏の誓願の世界である。仏を信じ、これに帰依することによって、浄土に生まれると考えられるのである」[81]と。

しかし、もとより「浄土」は、西田自身が強調しているように、「永遠の苦悩の世界」と一体のものであって、けっしてキリスト教的な意味で罪業の世界に対置して「客観的形成的」に、もう一つの別の構造化された世界として措定されるものではない。別言すれば、「浄土」は「平常底」として、あるいは西田の哲学的表現を用いれば「絶対現在の自己限定」として個人の自覚のなかにのみ実現するのである。かくて西田はこういう。「浄土教とキリスト教とは、絶対帰依の宗教として、一面に相通ずる所があるが、又一面に相反する立場に立つものである。超越即内在、内在即超越なる此の歴史的世界から、一は超越の方向、所謂客観の方向に、一は内在の方向、所謂主観の方向に、此の世界を超越すると云ってよい」[82]と。あるいは「併しドストエーフスキイ的精神は平常底と結合していない」[83]と。

確かに、西田最晩年の試みは仏教的な救済思想に歴史的＝社会的内容性を与えようとする試みであったともいえる。西田晩年の二つの著作のなかで、くりかえし彼は鈴木大拙の主張に依拠しながら「絶対現在の自己限定として我が国の国体と云うのは、かかる立場に於いての歴史的行為の規範である」[84]とも「国家とは、此土に於いて浄土を映すものでなければならない」[85]とも書いている。とはいえ、それは内容的にあまりにも抽象的で空疎であり、その空疎性は西田哲学を当時のファシスト的日本国家に対する明確な政治的批判に向かわせるものにならなかった。だがこの歴史的社会的な内容的空疎性は、「二度生まれの人間」が恩寵的に獲得する再生経験における世界転覆経験の圧倒的な具体性――あの死せる世界が、かかる至福の生命的世界に転換したという――によって補償されているのである。オットーにいわせれば、そして西田自身がくりかしのべたことだが、この逆説こそが宗教的経験の固有性なのだ。この宗教的救済の固有なる次元は、敢えていえば如何なる社会革命家の隠された心中にも宿り得るであろうし、如何なる宗教家も同時に社会革命家になり得る可能性にけっして席を閉ざしてはいない次元というべきであろう。

私には、この相反する二方向の確執の、その全体性そのものが宗教の本質ではないかと思われる。その意味で、私の愛用する概念を用いるなら、かかる二方向の「異種交配化合の複合性」としてしか生きた宗教思想はそもそも展開され得ないのだと。そしてイエス思想はその一典型であったと。

「世界史の哲学」的ヘーゲル主義の拒否

第二点とは、右に述べた事情にかかわる次の問題である。

先の一節、国家を浄土の映現せるものとして問題にすべしという一節は、飽くまで国家の規範的理念を述べただけであり、それは暗に当時の日本国家のファシスト的性格に対する批判を隠しもつものでもあった。この点をわれわれは見落とすべきではない（情けなくも、いかにも穏便に過ぎるとはいえ）。そのことは、先に引用した終末論的意識をめぐっての当時の日本仏教に対する批判のなかにも暗示されている。西田の観点からすれば、当時の日本国家の軍国主義的なファシスト的なあり方と、それに追随して偏狭な文化的ナショナリズムを日本神道とともに振りまわしていた当時の日本仏教は、明らかに親鸞の思想の本質をなす「悲の側面」を踏みにじるものであった。また、われわれは次の点も認識しておかねばならない。それは、右のこととも結びついて、西田が「併し斯く云うことは、国家そのものが絶対者であると云うのではない。国家は、道徳の根源ではあるが、宗教の根源とは云はれない[86]」と述べ、政治にも道徳にも解消されない宗教的次元の独立性を飽くまでも主張した点である。

これらのことは、三木の問題を考える場合にも、「京都学派」全体の問題を考える場合にも重要な問題を投げかける。

西田哲学が表現しようと努めた東洋的形而上学の立場を日本文化のアイデンティティの最深の精神的根拠を示すものとして受け取りながら、同時に、それを歴史的社会的現実に深くアンガージュマンし得る論理を内蔵したものに改造しなければならないという西田の弟子たちの課題は、三木清や戸坂潤を稀有な例外として、田辺元による西田批判（「西田先生に教えを仰ぐ」）と「無」に代えて「種」（なによりも「民族」）を実体とする「歴史的社会的人倫社会」の論理の提起を梃子として、多くの弟子たちを「世界史の哲学」グループに導き、彼らをしていわば西田哲学の原理たる「無」のヘーゲル主義化の試みへと赴かせた。国家を決定的な媒介項とすることで、絶対精神と人間の歴史世界との弁証法的な「和解」を、いいかえれば、歴史的存在としての人間の救済を構想しようとする、かのヘーゲル的論理である。そしてこのヘーゲル主義的試みはこのグループに――内心はどうあれ――当時のファシスト的日本国家の神格化をつかさどるイデオローグの役割を担わせた。

私が推測するに、西田は明らかにこうしたヘーゲル主義化の試みを拒否したのだと思う。仏教的な「空」の思想に根拠をもつ西田の「絶対現在の自己限定」の思想はあらゆるヘーゲル主義化の試みを、「空」の思想がまさに拒否するところの絶対者の実体化に行き着くしかない試みとして拒否するものなのだ。そしてこの拒否は、ヘーゲルに対するキェルケゴールの拒否にも似て、宗教的救済の実存的な個別性を、またこの個別性の自覚だけが理解させる宗教的救済の絶対的な深さと独立性を擁護するためのものでもあった。そして西田はかかる拒否をとおして、いかにも穏便に過ぎるとはいえ、自分の哲学が偏狭な日本国家のファシスト的ナショナリズムのイデオロギー的道具に変えられることを拒否したのである。

注

第一章　ニーチェのイエス論

(1) 参照、佐藤研による『ルカ文書』新約聖書Ⅱ、岩波書店、一九九五年、解説、二九〇～二九一頁、『マルコによる福音書　マタイによる福音書』新約聖書Ⅰ、岩波書店、一九九五年、解説、二四一頁。

(2) ニーチェ、信太正三訳『善悪の彼岸　道徳の系譜』ニーチェ全集11、ちくま学芸文庫、一九九三年、三九〇～三九一頁。

(3) ニーチェ、原佑訳『権力への意志』上、ニーチェ全集12、ちくま学芸文庫、一九九三年、一七三～一七四頁。

(4) 同前、一六九頁。

(5) ニーチェ、原佑訳『反キリスト者』、所収『偶像の黄昏　反キリスト者』ニーチェ全集14、ちくま学芸文庫、一九九三年、二二七頁。

(6) 同前、二二四頁。

(7) 同前、二三八頁。

(8) 同前、二二四頁。

(9) 同前、二二四頁。

(10) 同前、二三〇頁。ニーチェは、パウロは人間に巣食う「個人的虚栄心」としての復活願望に「阿諛」することによってキリスト教の大衆化を図った、と罵倒している。

(11) 同前、二三〇頁。

(12) 同前、二二七頁。

(13) 同前、二二五頁。

(14) 同前、二二五頁。

(15) 同前、二一七頁。

(16) 同前、一九五頁。

(17) ニーチェ『権力への意志』上、一八七頁。

(18) 『偶像の黄昏　反キリスト者』一九五頁。

(19) 同前、二二二頁。

(20) 参照、拙著『《想像的人間》としてのニーチェ』（晃洋書房、二〇〇五年）一五～二六頁。

(21) 『偶像の黄昏　反キリスト者』二〇五頁、この概念は、ニーチェのかの遠近法《パースペクティヴ》の理論を考え合わせれば、その個人を特徴づけるところの、後のハイデガーのいう「世界・内・存在」様式やサルトルの「実存的精神分析」が問題にする「感受性の先験的構造」を指すものといえる。

(22) 同前、二〇六頁。

(23) 同前、二〇六頁。
(24) 同前、一八九頁。
(25) 同前、二一〇頁。
(26) 同前、一九一頁。
(27) 『権力への意志』上、一七三頁。
(28) 同前、一六三頁。
(29) 『道徳の系譜』、所収ニーチェ、信太正三訳『善悪の彼岸　道徳の系譜』ニーチェ全集11、ちくま学芸文庫、一九九三年、三八六頁。
(30) 同前、四六八、他五一八頁等。
(31) 『権力への意志』上、二一三頁。
(32) 同前、二〇七頁。
(33) 同前、一八三頁。
(34) 同前、二一六頁。
(35) 同前、二一七頁。
(36) 『善悪の彼岸　道徳の系譜』四八〇頁。
(37) 参照、ニーチェ、吉沢伝三郎訳『ツァラトゥストラ』上、ニーチェ全集9、ちくま学芸文庫、一九九三年、訳注265に引用されている、ニーチェの遺稿集(一九九一年にベルリンで出版された新増補版ニーチェ全集第六部・第一巻収録)からの一節。なお拙著『大地と十字架』一一〇〜一一一頁も参照されたし。
(38) マックス・ヴェーバー、内田芳明訳『古代ユダヤ教』岩波文庫、上、二〇〜二一頁。
(39) 同前、下、七五五頁。
(40) 同前、下、七五五頁。
(41) 『権力への意志』上、二〇六頁。
(42) 同前、上、一七〇頁。
(43) 『偶像の黄昏　反キリスト者』六七頁。
(44) 同前、六七頁。
(45) 同前、六七頁。
(46) 同前、六八頁。
(47) 同前、六八頁。
(48) 同前、二一一頁。
(49) 『権力への意志』上、一六九頁。
(50) 『ツァラトゥストラ』上、五九頁。
(51) 同前、六九頁。
(52) 『偶像の黄昏　反キリスト者』一八八頁。
(53) 同前、二一〇頁。
(54) エレーヌ・ペイゲルス、荒井献・湯本和子訳『ナグ・ハマディ写本』白水社、一九九六年、九頁。
(55) 同前、二二一頁。
(56) 『偶像の黄昏　反キリスト者』二一一頁。

(57) 湯浅泰雄『ユングとキリスト教』人文書院、一九七八年、一六八頁。
(58) 同前、一六九頁。
(59) ニーチェ、原佑訳『権力への意志』下、ニーチェ全集13、ちくま学芸文庫、一九九三年、四八九頁。
(60)『偶像の黄昏　反キリスト者』二一二頁。
(61) 同前、二〇八頁。
(62)『権力への意志』上、二二二頁。
(63) ニーチェ、塩屋竹男訳『悲劇の誕生』ニーチェ全集2、ちくま学芸文庫、一九九三年、三二一頁。
(64)『権力への意志』上、一六六頁。
(65) 同前、一六六頁。
(66)『偶像の黄昏　反キリスト者』一五五〜一五六頁。
(67) ニーチェ、信太正三訳『悦ばしき知識』ニーチェ全集8、ちくま学芸文庫、一九九三年、七九〜八〇頁。
(68) 同前、八〇頁。
(69)『悲劇の誕生』四〇頁。
(70)『権力への意志』下、三一四頁。
(71) 同前、三一八〜三一九頁。
(72) 同前、二八七〜二八八頁。
(73)『善悪の彼岸　道徳の系譜』五三二頁。
(74) 湯浅泰雄『ユングとキリスト教』一一頁、二一〜二二頁。
(75) 同前、二九頁。
(76) フロイト、懸田克躬訳『自らを語る』日本教文館、フロイト選集改訂版17、一九六九年、八四〜八五頁。
(77) 参照、『ニーチェ事典』(弘文堂、一九九五年)の「フロイト」(木前利秋執筆)の項、五六二〜五六五頁。
(78) 上山安敏『神話と科学』岩波書店、一九八四年、二七六頁。
(79) 上山安敏『フロイトとユング』岩波書店、一九八九年、二八三頁。
(80) 同前、一九頁。
(81) 上山安敏『神話と科学』二八八頁。なお次のことを指摘しておきたい。同書の一〇年後に刊行された『ニーチェ事典』(弘文堂、一九九五年)の「バッハオーフェン」の項目の執筆者は上山安敏となっているが、奇妙なことに、そこでは彼はニーチェとバッハオーフェンとのあいだの学問的交流の有無は不明であると述べ、かつニーチェは「地母神には関心を示さなかった」(四九二頁)と書いている。
(82) 同前、二九一頁。
(83) 同前、三一三〜三一四頁。なおこの点でいえば、上山が度々言及するケレイニーもまた『ディオニュソス――破壊されざる生の根源像』（白水社、一九九三年、一四八〜一五六頁）においてニーチェの「男性原理」主義をバッハオーフェンとの対比で鋭く批判したが（参照、拙著『大地と十字架』二五六〜二六〇頁）、この問題についても上山はまったく言及することはない。

(84) D・H・ロレンス、福田恒存訳『黙示録論』ちくま学芸文庫、二〇〇四年、四三頁。
(85) 同前、四二頁。
(86) 同前、五九頁。
(87) 同前、四二頁。
(88) 同前、四三頁。
(89) 同前、四三頁。
(90) 同前、一五七頁。
(91) 同前、一六二頁。
(92) 同前、一三六頁。

第二章　フロイト『モーセと一神教』を読む

(1) ジークムント・フロイト、渡辺哲夫訳『モーセと一神教』ちくま学芸文庫、二〇〇三年、三三〜三四頁。
(2) 同前、八一頁。
(3) 同前、六四、九三頁。
(4) 同前、七三頁。
(5) 同前、六五頁。「ゼリンは預言者ホセア（紀元前八世紀後半）の言葉のなかに、宗教創設者モーセが反抗的で強欲なユダヤの民の反乱によって暴力的に殺害された、との内容を告げる紛れもない伝承のしるしを見いだしたのだ。」
(6) 同前、六一、八九頁。
(7) 同前、八九頁。
(8) 同前、三五〜三七頁。
(9) 同前、一三九頁。
(10) 同前、二一九頁。
(11) 同前、二〇八〜二一二頁。
(12) 同前、二三〇頁にこうある。「『集合的』無意識なる概念を導入したとしても何か得るところがあるとは思われない。実際のところ無意識の内容はそもそもが集合的なのであり、人類の普遍的共有財産なのである。」
(13) 同前、一三九頁。
(14) 同前、二一八頁。
(15) 同前、一四〇頁。

(16) 同前、一四〇頁。
(17) 同前、一四〇頁。
(18) 同前、一四一頁。
(19) 同前、一四一頁。
(20) 同前、二一九頁。
(21) 同前、一四四頁。
(22) 同前、二三二頁。
(23) 同前、二三三頁。
(24) 同前、二三三頁。
(25) 同前、二三三頁。
(26) 同前、二三四頁。
(27) 同前、二三五頁。
(28) 同前、二三五頁。吉本隆明の『マチウ書試論』はこの心性を古代ユダヤ教にもましていっそう深く自分に刻み込んだのがキリスト教だとした。
(29) 同前、二三六頁。
(30) 同前、二三五～二三七頁。
(31) 同前、一四七頁。
(32) 同前、二三六頁。
(33) 同前、二三五～二三六頁。
(34) 同前、七七頁。
(35) 同前、二三六頁。
(36) 同前、一五一頁。
(37) 同前、一四一頁。
(38) 同前、八二頁。
(39) 同前、一四二～一四三頁。
(40) ルー・ザロメ、塚越敏・伊藤行雄訳『ライナー・マリア・リルケ』ザロメ著作集4、以文社、一九七三年、二一〇頁。
(41) 同前、二三頁。
(42) 同前、二三頁。
(43) 同前、二二～二三頁。
(44) 同前、二三頁。
(45) 同前、二三頁。
(46) 同前、二三頁。
(47) この第五節は、拙著『大地と十字架』の「母のいない大地」章におけるザロメ論の核心部分と重なっている。
(48) ジュディス・L・ハーマン、中井久夫訳・小西聖子解説『心的外傷と回復』みすず書房、一九九六年、七六頁。

第三章　ユング『ヨブへの答え』を読む

(1) ユング、林道義訳『ヨブへの答え』みすず書房、一九八八年、一六九〜一七〇、一九三頁。なお同翻訳ではヤハウェは「ヤーヴェ」と表記されているが、引用にあたっては読者の混乱を避けるため「ヤハウェ」という表記に換えさせてもらった。
(2)同前、一六九頁。
(3)湯浅泰雄『ユングとキリスト教』九五頁。
(4)同前、一一七頁。
(5)同前、一一七頁。
(6)同前、一五七頁。
(7)ユング、野田倬訳『アイオーン』人文書院、ユング・コレクション4、一九九〇年、一九四頁。
(8)同前、二九七頁。
(9)エーリッヒ・ノイマン、林道義訳『意識の起源史』上、紀伊國屋書店、一九八四年。ユングは同書に序文を寄せ、こう書いている。「このまれにみる労作」は「私がもし生まれ変われるものなら、自分の研究の《ばらばらになった身体》――『手をつけたままで投げ出しておいた』すべて――を集め、整理し、まとまりをつけるべく取りかかっていたはずのまさにその仕事に取り組んでいるのである」(一五頁)と。
(10)『ヨブへの答え』一二〇頁。
(11)同前、六〇頁。
(12)『アイオーン』八三頁。
(13)『ヨブへの答え』一一一頁。
(14)同前、一一三頁。
(15)『アイオーン』一九四頁。
(16)『ヨブへの答え』一三頁。
(17)『アイオーン』二一四頁。
(18)同前、五九頁。
(19)同前、一三六頁、一四一〜一四二、一五二〜一五三頁。
(20)『ヨブへの答え』六七頁。
(21)トーマス・マン、青木順三訳「ゲーテと民主主義」、所収『講演集　ドイツとドイツ人』岩波文庫、一九九〇年、一六一頁。
(22)湯浅泰雄『ユングとキリスト教』九六頁。
(23)同前、九八頁。
(24)同前、九三頁。
(25)ニーチェ『悲劇の誕生』二一頁。
(26)なおここで、次のことを指摘しておきたい。ニーチェの『人間的、あまりに人間的』IIの第二部「漂泊者とその影」の書き出しとその最終章(断片三五〇)に登場する「漂泊者とその影」の対話は、おそらくユングの「影」の理論の先駆けなのである。このことについては、拙論「自我とその影――村上春樹・ノイマン・ニーチェ」、近畿大学文芸学部紀要「文学・芸術・文化」第二四巻第一号、二〇一二年九月、参照。

(27)『アイオーン』八九頁。

(28) 同前、九〇頁、なお一九七〜一九八頁にも同様な指摘がある。

(29) ノイマン『意識の起源史』下、一九八五年、五三八頁。

(30)『アイオーン』四二頁。

(31) ノイマン『意識の起源史』下、五三七頁。

(32)『ヨブへの答え』一七、一〇六〜一〇七頁。

(33) ノイマン『意識の起源史』下、五三九頁。

(34) 同前、五三九〜五四〇頁。なお、こうしたユングの「影」の理論が如何に村上春樹文学にインスピレーションを与えているかという問題については、拙論「自我とその影――村上春樹・ノイマン・ニーチェ」(所収、近畿大学文芸学部紀要『文学・芸術・文化』第二四巻、第一号、二〇一二年九月)を参照されたし。

(35)『ヨブへの答え』一三頁。

(36) 同前、一七頁。

(37) 同前、一七頁。

(38) 同前、三三頁。

(39) 同前、三〇頁。

(40) 同前、七三頁。

(41) 同前、七五頁。

(42) 同前、八六頁。

(43) 同前、八六頁。

(44) ニーチェ『偶像の黄昏 反キリスト者』六八頁。

(45)『アイオーン』六〇頁。なお湯浅泰雄は『ユングとキリスト教』のなかで、この問題を正統キリスト教の神による宇宙創造説と汎神論的宇宙神観念の立脚する「宇宙創成」論とを対比することを通じて詳細に論じているが、その考察はきわめて啓発的である。(同書、一五六〜一六一、一八七〜二〇八頁)

(46) 同前、六五頁。ここでメルヴィルの『白鯨』に一言すれば、まさに『白鯨』が提出するのはキリスト教の「最高善」を主軸に立てる宇宙観ではなくて、《悪》の実在性への確信に燃え立った――ユングでいえば――旧約的宇宙観であり、またこの点でゾロアスター教を媒介にむしろ東洋的諸宗教の「宇宙創成」論に接続してゆく宇宙観であった。

(47)『ヨブへの答え』一〇六頁。
(48)『アイオーン』六四頁。
(49)同前、二四七〜二四八頁。
(50)『ヨブへの答え』八五頁。
(51)同前、以上、八五頁。
(52)同前、八六頁。
(53)『アイオーン』四三頁。なおこの点で次のことを指摘しておきたい。かかる視点は『夜と霧』の著者として、また実存的精神分析学の思想家として名高いE・V・フランクルにも分け持たれた視点であり、そもそもまたフランクルの基盤にある「私 - 君」の哲学者M・ブーバーの視点でもあった、ということを。

フランクルの『識られざる神』(佐野利勝・木村敏訳、フランクル著作集7、みすず書房、一九六二年、三六頁)や『フランクル回想録』(山田邦男訳、春秋社、一九九八年、一一九頁)、またブーバーの『対話的原理』(田口原理義弘訳、ブーバー著作集1、みすず書房、一九六七年、二一四、二一九頁)を参照せよ。なお拙著『創造の生へ——小さいけれど別な空間を創る』(はるか書房、二〇〇七年)第Ⅱ部「応答の倫理学」第3章はこのフランクルとブーバーの思想を論じている。
(54)同前、六三〜六四頁。
(55)『ヨブへの答え』一〇一頁。
(56)同前、一〇一頁。
(57)『アイオーン』七一頁。
(58)同前、二四八頁。
(59)『ヨブへの答え』一〇七〜一〇八頁。

第四章　オットー『聖なるもの』を読む

(1)ルードルフ・オットー、久松英二訳『聖なるもの』岩波文庫、二〇一〇年、一一頁。
(2)同前、一二頁。
(3)同前、一七七頁。
(4)同前、一六頁。
(5)同前、第11章「ヌミノーゼの表現手段」参照。
(6)同前、二八三〜二八四頁。
(7)同前、一八頁。
(8)同前、二一頁。
(9)同前、二一頁。
(10)同前、二六、一一五頁。
(11)同前、八八頁。
(12)同前、七五、一二四〜一二五頁。

(13) 同前、七六〜七七頁。
(14) 同前、七八〜七九頁。
(15) 同前、一五九頁。
(16) ヴェーバー『古代ユダヤ教』下、七四九〜七五〇頁。
(17) 同前、七四七〜七四八頁。
(18) 同前、七五一頁。
(19) 同前、七五四頁。
(20) 同前、六八九、六九四頁。
(21) 『聖なるもの』一六九頁。
(22) 同前、一七〇頁、参照、I巻『妬みの神…』・第I部第六章・「『ヨブ記』をめぐる問題」節、一三七頁。
(23) I巻『妬みの神…』一四八、一八二〜一八四頁。
(24) 『聖なるもの』四六四頁、訳者久松英二による「解説」における指摘。
(25) 同前、三三一頁。
(26) 同前、三三二頁。
(27) 同前、三三二頁。
(28) 同前、三二〇頁。
(29) 同前、三二二頁。
(30) 同前、三二二頁。
(31) 同前、三二三頁。
(32) 参照、湯浅泰雄『ユングとキリスト教』一三一頁。
聖書論I巻『妬みの神…』・第II部第六章・「生命主義という問題の環」節、三一四～三二六頁。
（33) 『聖なるもの』二五〇頁。
(34) 同前、二四九頁。
(35) 同前、四六〜四七頁。
(36) 同前、二五〇頁。
(37) 折口信夫『古代研究I　民俗学編1』角川文庫、一九七四年、一三一〜一三四頁。
(38) 『聖なるもの』八八〜八九頁。
(39) 同前、八九頁。
(40) 同前、九二頁。
(41) 同前、一七九頁。
(42) 同前、三一九頁。
(43) 同前、三二四頁。
(44) 『ローマ人への手紙』、所収『パウロ書簡』二九頁。
(45) 『聖なるもの』三二四頁。
(46) 同前、三〇六頁。
(47) 同前、三〇九頁。
(48) 同前、二八七頁。
(49) 同前、三一六頁。
(50) 同前、八八〜九一頁。
(51) 西田幾多郎「場所的論理と宗教的世界観」西田

幾多郎全集第十一巻、岩波書店、一九四九年、四〇八頁。なお、藤田正勝は『西田幾多郎』の第七章の「宗教は神秘的直観ではない」節で、西田が「宗教は神秘的直観の上に成立するという考え方」をとっていたと解釈することに反対する議論を――西田からの引用もおこないながら――展開しているが、私としては首肯しかねる。「神秘」という概念をどのように理解するかで主張の意味の理解にずれや対立が生じると思うが、西田のいうこの「神人合一」経験がオットーのいう「ヌミノーゼ」経験とほとんど同一の性格の経験であり、かかるものとして、滅多なことでは誰も経験できない通常の日常的経験を超えた特殊な経験であり、またそれが概念の使用によって記述できる範囲を超えた――オットー的いえば「非合理」的な――直観的＝感性的経験であることは西田も当然前提にしていることは間違いない。

第五章　西田幾多郎と終末論

(1) 小坂国継『西田哲学を読む』1、大東出版社、二〇〇八年、二〇九〜二一〇頁。

(2) 岩波文庫『善の研究』二〇一二年改訂版、解説、三四二頁。しかし、藤田は、この連続性が「場所的論理と宗教的世界観」では重大な変更を蒙るという本章が取り上げる問題については同書においても『西田幾多郎――生きることと哲学』(岩波新書、二〇〇七年)においても論究していない。また後者の第二章「根源に向かって――純粋経験」は、西田のいう「純粋経験」が「神人合一」の経験を指すという事情について一切言及していない。

(3) 小坂国継は『西田哲学と宗教』(大東名著選20、一九九四年)において、この最晩年の西田の宗教論の特徴は「一言でいえば、それまでの自力的・禅宗的な宗教論ではなく、他力的・浄土系的宗教論であったこと」にあり、その点に「西田の深い絶望と挫折感を感じとることができるであろう」と述べ、西田のさまざまな家庭内の不幸――執筆のその年に長女を亡くし、計五人の子に彼は先立たれることになった――や友人たちの死去について触れている。(同書、六七頁)。また藤田正勝の『西田幾多郎』(岩波新書)第一章「西田幾多郎という人――悲哀を貫く意志」にもこの彼の家庭的不幸に関する記述がある。

(4) 西田幾多郎『善の研究』岩波文庫、岩波書店、改訂版、二〇一二年、二三四頁。

(5) 同前、二三二頁。
(6) 同前、二三二頁。
(7) 同前、二三三頁。
(8) 同前、二三二頁。
(9) 同前、二五〇頁。
(10) 同前、二六三頁。
(11)『丸山眞男講義録』第四冊、東京大学出版会、一九九八年、二七九頁。
(12)『丸山眞男講義録』第七冊七四頁。
(13)『丸山眞男講義録』第六冊九二〜九三頁。
(14)『丸山眞男講義録』第四冊二三九頁。
(15)『善の研究』二二九〜二三〇頁。
(16)「場所的論理と宗教的世界観」、所収『西田幾多郎全集』第十一巻、岩波書店、一九四九年、四三九頁。
(17)『善の研究』二〇五〜二〇六頁。
(18) 同前、二二三頁。
(19) 同前、二三〇頁。
(20) 同前、一九一頁。
(21) 同前、一九九頁。
(22) 同前、三三一頁、注解、二五七11。
(23)「場所的論理と宗教的世界観」四一〇頁。
(24) 同前、四一一頁。
(25)『善の研究』一五〇頁。
(26) 同前、二二五頁。
(27) 同前、二二六頁。
(28) 同前、二〇三、二二六頁。
(29) 同前、一八頁。
(30) 同前、二四八頁。
(31) 同前、二六二頁。
(32) 同前、二二三頁。
(33) 同前、二六三頁。
(34) 同前、二五七頁。
(35) 同前、二二四頁。
(36) たとえば、小坂国継の『西田哲学と宗教』や『西田幾多郎』のなかにはこの類似性に関する言及はまったくないし、『西田幾多郎の思想』(講談社学術文庫)にはわざわざ「西田幾多郎とW・ジェイムズ」の章があり、そこでは西田がまず最初に『宗教的経験の諸相』に深く共感したことは指摘されてはいるが、考察はもっぱら「純粋経験」をめぐる両者の関係に向けられ、私が提起するような問題はまったく論じられていない。藤田正勝の著書を見ても事情は変わらない。
(37) 西田幾多郎全集、岩波書店、第十三巻、二〇七頁。

(38) ウイリアム・ジェイムズ、桝田啓三訳『宗教的経験の諸相』上、日本教文社、一九八八年、二二五頁。
(39) 同前、二二五頁。
(40) 同前、二四一頁。
(41) 同前、二四一頁。
(42) 同前、二四二頁。
(43) 同前、二四七頁。
(44) 同前、二〇一頁。
(45) 同前、二四二頁。
(46) 同前、三六四頁。
(47) 同前、三三九頁。
(48) 同前、三四一頁。
(49) 同前、三七〇頁。
(50) 同前、一四八頁。
(51) 同前、下、二四四〜二四五頁。
(52) 同前、二四四頁。
(53)『善の研究』二五六〜二五七頁。
(54)「場所的論理と宗教的世界観」四〇七頁。
(55) 同前、四〇六頁。
(56) 同前、四一九頁。
(57) 同前、四二二頁。
(58) パウロ、青野太潮訳『ローマ人への手紙』、所収『パウロ書簡』新約聖書Ⅳ、岩波書店、一九九六年、二五頁。
(59) ニーチェ『善悪の彼岸　道徳の系譜』五八一頁。
(60) 参照、小坂国継『西田哲学と宗教』三一七頁。
(61) 参照、拙論「『東洋的自然主義』批判と主体の自己創造」、所収『遺産としての三木清』同時代社、二〇〇八年。
(62) 丸山眞男『丸山眞男講義録』第四冊、二三一〜二三九頁。
(63)「場所的論理と宗教的世界観」四五〇〜四五一頁。
(64) 同前、四三九頁。
(65)「予定調和を手引として宗教哲学へ」(一九四三年)、所収『西田幾多郎全集』第十一巻、一三二頁。
(66) 同前、一三三頁。
(67) 同前、一三五〜一三六頁。
(68)「場所的論理と宗教的世界観」四二八〜四二九頁。
(69)「予定調和を手引として宗教哲学へ」一三〇頁。
(70) 同前、一三〇頁。
(71) 同前、一三一頁。
(72) 同前、一三二頁。
(73) ドストエフスキー文学のこうした諸問題については、次の拙論も参照されたし。「ドストエフスキーにおける〈受難した子供〉の視線」、所収『〈受難した子供〉の眼差しとサルトル』御茶の水書房、一九九六年。
(74)「予定調和を手引として宗教哲学へ」一四二頁。
(75)同前、一四二頁。
(76)同前、一四二頁。
(77)同前、一四二頁。
(78)参照、拙論『東洋的自然主義』批判と主体の自己創造」一九頁。
(79)「予定調和を手引として宗教哲学へ」一四二頁。
(80)参照、拙論『東洋的自然主義』批判と主体の自己創造」。
(81)「予定調和を手引として宗教哲学へ」一四二頁。
(82)同前、一四三頁。
(83)「場所的論理と宗教的世界観」四五一頁。
(84)「予定調和を手引として宗教哲学へ」一三二〜一三三頁。
(85)「場所的論理と宗教的世界観」四六四頁。
(86)同前、四六三頁。

199-200, 202, 205, 209, 222, 224-5, 236, 239-41, 243, 247, 297, 309-10, 314, 317, 330-2, 335, *18, 20, 32, 114*
『マリヤによる福音書』（ナグ・ハマディ文書） 249, 259, 302-3
『マルコによる福音書　マタイによる福音書』（岩波書店） 195, 236, 261
『マルコ福音書』（新約聖書） 171, 173, 203, 215, 222, 242, 246-7, 260-1, 309-10, 314, 317, 330, 332, 335, *18, 114*
『マルテの手記』（リルケ） *83*
『丸山眞男講義録』 144

『自らを語る』（フロイト） *47*
『民数記』（旧約聖書） 39, 50, 77, 124
『民数記　申命記』（岩波書店） 36, 72

『モーセと一神教』（フロイト） 6, 55, 57, 103, *55-6, 60, 63, 70, 73, 75, 86*
『黙示録論』（ロレンス） 149, 233, *19, 50, 52*

や 行

『ユダヤ教の人間観』（フロム） 81, 99, 148, 332-3
『夢判断』（フロイト） *47*
『ユングとキリスト教』（湯浅泰雄） 44
『ヨシュア記』（旧約聖書） 154
「予定調和を手引として宗教哲学へ」（西田幾多郎） *196, 203*
『ヨハネ福音書』（新約聖書） 173, 226, 233, 237-8, 240-1, 243, 314-6, 330-2, *108, 129, 146*
『ヨハネ黙示録』（新約聖書） Ⅱ巻第三章・「ユングによる『ヨハネ黙示録』批判」節
52, 78, 114, 151, 159, 170, 233, 336, *19, 25, 106, 202*
『ヨブ記』（旧約聖書） Ⅱ巻第三章・「ユングにとっての『ヨブ記』——神はおのれの暗黒面にいかに対峙し得るか？」節、「イエスの先駆形態としてのヨブ」節
63, 84, 101, 113-4, 131-3, 135-7, 181, *86-7, 90-1, 99, 101, 138-9, 142, 150*
『ヨブ記』（浅野順一） 135
『ヨブへの答え』（ユング） Ⅱ巻第三章・「『ヨブへの答え』の位置」節
6, 61, 131, 135, 150, 159, *53, 85, 90-1, 101-2, 107, 111, 126, 140-1*
『悦ばしき知識』（ニーチェ） *42*

ら 行

『ルカ福音書』（新約聖書） 157, 171, 173, 202, 215, 226-7, 240, 246-7, 287, 309-10, 314, 330-2, *18*

『レビ記』（旧約聖書） 44, 49, 67, 144, 154, 207, 268, 273

313

な 行

『ナグ・ハマディ写本』（ペイゲルス） 60, 75, 176, 249, 257, 325, 335
ナグ・ハマディ文書 2, 6

『西田幾多郎――生きることの哲学』（藤田正勝） *219*
『西田幾多郎 その思想と現代』（小坂国継） *220*
『西田幾多郎の思想』（小坂国継） *220*
『西田哲学と宗教』（小坂国継） *219-21*
『西田哲学を読む』（小坂国継） *219*
『日本的霊性』（鈴木大拙） *193*
『人間的、あまりに人間的』（ニーチェ） *215*
『人間を求めて』（石田英一郎） 19

は 行

『パイドン』（プラトン） 230
『パウロ書簡』（新約聖書） 160, 177, 323-4
『白鯨』（メルヴィル） 133, 137
「場所的論理と宗教的世界観」（西田幾多郎） II巻第五章・「『善の研究』と論考「場所的論理…」とのあいだに横たわる二つの問題」節
4, 17, 187, *123, 153, 156-7, 168, 171-4, 182, 184, 188, 190, 199, 203*
『反キリスト者』（ニーチェ） 217, 336-7, *12-3, 17, 30-1, 45, 120*

『悲劇の誕生』（ニーチェ） 183, 292, *28, 40-1, 43, 49*

『ファウスト』（ゲーテ） *46*
『ファウスト博士』（マン） 67, 150, *178*
『フィリポ福音書』（ナグ・ハマディ文書） 226, 287, 297-9, 302, 305, 307-9, 311
『復活に関する教え』（ナグ・ハマディ文書） 281
『フロイトとユング』（上山安敏） *48*
『フロイトへの感謝』（ザロメ） 312

『ペトロの黙示録』（ナグ・ハマディ文書） 175, 334-5
「ベン＝シラの知恵」（旧約聖書） 81-2, 84, 143, 298

『母権論』（バッハオーフェン） 9, 57
『ホセア書』（旧約聖書） I巻第II部第二章・「『ホセア書』問題」節
49, 127, 203, 275

ま 行

『マグダラのマリアによる福音書』（キング） 247
『魔女とキリスト教――ヨーロッパ学再考』（上山安敏） 44
『マタイ福音書』（新約聖書） I巻第II部第二章・「『イザヤ書』と『マタイ福音書』とのあいだの転倒関係」節
105-9, 111, 117-22, 127-9, 142, 154, 166-9, 171-3, 178, 185, 190, 195-6,

「親鸞」（三木清）　17
『心理学原理』（ジェイムズ）　*171-2*
『真理の証言』（ナグ・ハマディ文書）　76, 272, 279
『真理の福音』（ナグ・ハマディ文書）　175, 289, 294-6, 300
『神話と科学』（上山安敏）　57, *48*

『救い主の対話』（ナグ・ハマディ文書）　60, 249

『聖書　ホセア書』（フランシスコ会聖書研究所）　199
『聖なるもの』（オットー）　6, 150, 185, 188, *131-4*, *139-41*, *153*
『聖母マリア崇拝の謎――「見えない宗教」の人類学』（山形孝夫）　60, 247, 259
『セームの釈義』（ナグ・ハマディ文書）　60
『善悪の彼岸』（ニーチェ）　350
『善の研究』（西田幾多郎）　Ⅱ巻第五章・「『善の研究』と論考「場所的論理…」とのあいだに横たわる二つの問題」節、「『『善の研究』における神人合一経験としての「純粋経験」と他力即自力の論理」節、「『善の研究』に欠けていたものとは？』」節
4, 186, *123*, *156-7*, *166-9*, *174*, *182*, *187*, *203*

『創世記』（旧約聖書）　53-7, 63, 76-7, 102, 116, 244-5, 253, 255, 257-8, 261, 264, 268, 270-2, 317, 321, *73*
『創造の生へ――小さいけれど別な空間を創る』（清眞人）　*217*
「ソロモンの知恵」（旧約聖書）　81-5, 254, 298

た　行

『大地・農耕・女性』（エリアーデ）　44, 306
『大地と十字架――探偵Lのニーチェ調書』（清眞人）　305, *22*, *39*, *46*
『対話的原理』（ブーバー）　349, *217*
『魂の解明』（ナグ・ハマディ文書）　Ⅰ巻第Ⅱ部第五章・「『魂の解明』」節
248, 251, 262, 264, 266, 270, 303-4, *44*

『チャタレー夫人の恋人』（ロレンス）　304, *50*
『治療神イエスの誕生』（山形孝夫）　56, 208

『ツァラトゥストラ』（ニーチェ）　217-8, 224, *31*, *45-6*
『翼ある蛇』（ロレンス）　304, *50*
『罪と罰』（ドストエフスキー）　150, 169-70, 224

『伝道の書』（旧約聖書）　63, 84, 136-8, 231

『闘技者トマスの書』（ナグ・ハマディ文書）　38, 230, 279-80
『東西抄』（石田英一郎）　14
『道徳の系譜』（ニーチェ）　173, *13*, *22*, *24*
『トマス福音書』（ナグ・ハマディ文書）　227, 259-60, 263, 287, 305,

ソン）　87, 92, *39*

『偶像の黄昏』（ニーチェ）　183, *28, 30, 41, 117*
『グノーシスと古代宇宙論』（柴田有）　*15*

『現代聖書注解　ホセア書－ミカ書』（リンバーク）　196
『ケンブリッジ旧約聖書注解』19（新教出版社）　196
『権力への意志』（ニーチェ）　180, 291, *12-3, 20, 22, 27, 31, 39-40, 43*

『古代ユダヤ教』（ヴェーバー）　5, 13, 39, 42, 72, 90, 94, 149, *25, 56, 136-7*
『国家』（プラトン）　296
『この世の起源について』（ナグ・ハマディ文書）　I巻第II部第五章・「『この世の起源について』」節
76, 176, 251, 262, 270, 273-4, 277, 279, *44*
『コリント人への第一の手紙』（パウロ）　161, 275, 325
『コリント人への手紙』　260

さ　行

「作家の声」（『シチュアシオンIX』、サルトル）　348
『砂漠の修道院』（山形孝夫）　343
『サムエル記』（旧約聖書）　73, 196
『三部の教え』（ナグ・ハマディ文書）
265, 293, 306, 314, 334-5

死海文書　156
『死者と生者のラスト・サパー――死者を記憶するということ』（山形孝夫）　80
『時祷集』（リルケ）　*80*
四福音書（マタイ、マルコ、ルカ、ヨハネの福音書）60, 111, 160-2, 172-3, 177, 210, 227, 233, 260, 287, 326, 330-1
『詩篇』（旧約聖書）　I巻第I部第六章・「「心砕かれた者」と「残りの者」の関連――『詩篇』とも関連づけて」節、「『詩篇』と「新しい契約」観念の登場（『エレミヤ書』）――移行期的著作」節
117, 125-9, 136, 197, 199, 202, 332, *142*
『宗教的経験の諸相』（ジェイムズ）　II巻第五章・「転回点、ジェイムズの『宗教的経験の諸相』」節
148, 153, 172
『宗教とエロス』（ヴァルター・シューバルト）　295
『出エジプト記』（旧約聖書）　36, 124, 144
『識られざる神』（E・V・フランクル）　*217*
『箴言』（旧約聖書）　51-2, 136
『真正な教え』（ナグ・ハマディ文書）　38, 279, 280
『心的外傷と回復』（ジュディス・ハーマン）　*83*
『申命記』（旧約聖書）　36-7, 39-41, 43, 48-9, 50, 54, 72, 99, 104, 153-4
『新約聖書とグノーシス主義』（荒井献）　260

III　文献名索引

あ　行

『アイオーン』（ユング）　*34, 86, 89-90, 98-9, 104, 120, 126, 128*
『愛と性と母権制』（フロム）　333
「愛と憎しみの文化——西洋文明論のための覚え書」（石田英一郎）　14
『悪霊』（ドストエフスキー）　150, 171, *201*
『アポクリファ』（旧約聖書）　44, 79, 81-2, 85, 143, 254, 298
『アルコーンの本質』（ナグ・ハマディ文書）　76

『イエスと死海文書』（チャールズヴァース）　146
『イエスとその時代』（荒井献）　238
『イザヤ書』（旧約聖書）　I 巻第 I 部・第六章・「『イザヤ書』をめぐる問題」節、第 II 部第二章・「『イザヤ書』と『マタイ福音書』とのあいだの転倒関係」節　41, 45, 118-9, 121, 124-5, 128-9, 131, 156, 172, 195, 197, 202, 223, 245, 334, *17, 71*
『イザヤ書（第一）』（旧約聖書）　39, 102, 106, 111
『イザヤ書（第二）』（旧約聖書）　101, 105-6, 110-1, 124, 172
『イザヤ書（第三）』（旧約聖書）　106, 124-5, 128
『遺産としての三木清』（清眞人ほか）　221
『意識の起源史』（ノイマン）　*91*
『石田英一郎全集』　14

『エゼキエル書』（旧約聖書）　I 巻第 I 部・第二章「嫉妬の心性と旧約聖書——『エレミヤ書』と『エゼキエル書』をめぐって」　36, 40-1, 101, 103, 105-6, 123, 128, 275, 116
『エレミヤ書』（旧約聖書）　I 巻第 I 部・第二章「嫉妬の心性と旧約聖書——『エレミヤ書』と『エゼキエル書』をめぐって」、第六章・「『詩篇』と「新しい契約」観念の登場（『エレミヤ書』）——移行期的著作」節　19, 41, 72-4, 77, 93, 99, 102-3, 105-6, 108, 114, 120, 128, 136, 155, 158

『大いなるセツの第二の教え』（ナグ・ハマディ文書）　175, 266, 278-9, 334-5

か　行

『雅歌』（旧約聖書）　I 巻第 I 部第三章・補注「『雅歌』の性愛賛美の異質性」
『雷・全きヌース』（ナグ・ハマディ文書）　278
『ガラテヤ人への手紙』（パウロ）　145, 318
『カラマーゾフの兄弟』（ドストエフスキー）　150, 171, *201*

『饗宴』（プラトン）　261, 264, 298
『ギリシアの神々』（ジェーン・ハリ

　　の弁証法」節
　　92, 126, 141
無からの創造　11, 253, *29, 101, 199*
無常・無常感　12, 283
無道徳的な神　179, 182

メタファー的思考　*123, 125*

や　行

ヤヌス的双面　90, 92
ヤハウェ主義・純粋ヤハウェ主義・純粋ヤハウェ宗教　Ⅰ巻第Ⅰ部第三章「ヤハウェ主義を特徴づける女性嫌悪、あるいはその「肉」メタファー」
　　1-2, 37-8, 40-1, 72, 98, 113, 142, 233, 252, 266, 279, 286, 294, 329, 331, *71, 159, 195*
病める魂のひと（⇔健全な心の持ち主）　224-6, *71-2, 176, 178*

唯一神（⇒一神教）
ユダヤ民族（民衆）・ユダヤ的本能・ユダヤ的精神　3, 5, 11, 37, 39, 41, 44-5, 48-9, 53, 102, 106, 118, 128, 130-2, 147, 153, *18-9, 56-8, 60, 62, 71, 76-7, 80, 138*
赦し・「裁くな、赦せ」・赦しの神　Ⅰ巻第Ⅱ部第二章・「「裁くな、赦せ」」節、「パウロと「赦し」の思想」節
　　108, 121, 124, 130, *38, 72-3, 152*

預言者・預言者的心性　Ⅰ巻第Ⅰ部第六章「「残酷なる試しの神」としてのヤハウェと預言者のマゾヒズム」
　　142, 329, 331, 333, *12, 21, 56, 139*
弱さ・弱者・根源的弱さ　109, 111, 121-2, 160, 164, 165, 166, 167, 172, 188, 191, 204, 208, 210, 211, 212, 218, 238, 320, 326, 337, *156, 158, 174, 184, 185, 195*

ら　行

裸体・性器（⇒性器・裸体）

離婚問題・イエスの結婚観　Ⅰ巻第Ⅱ部第四章・「父権的家族主義からの女性の擁護」節
律法・律法主義（⇔反律法主義）　Ⅰ巻第Ⅱ部第六章・「パウロ的生命主義の問題構造とユダヤ的律法主義との関係」節
　　123, 151, 188, 217, 333, *128, 139-40*
両性具有　267, 277, 299, 300, 304, 307, *105*
リリト・グループ　245

ルサンチマン　*20-1, 51*

霊肉二元論（⇔霊肉一致論）　81, 319-21
レビ人　44

息」節
178, 180, 184, 311-2, *144, 148-9*
文化圏的歴史観　Ｉ巻・総序・付論「石田英一郎の「文化圏的歴史観」と聖書世界」
4, 94, 182, 290, 308, *149-50, 164*

平常底　*157, 194, 205-6*
平和主義・絶対平和主義　Ｉ巻第Ⅱ部第一章・補注「ヤハウェの平和主義的言説について」
15, *19, 22, 24-5, 39, 196*
平和の契約（⇒新しき契約）
蛇　Ｉ巻第Ｉ部・四章・「母権的価値の価値転倒としての聖なる蛇の貶下」節、第Ⅱ部第五章・「聖なる蛇と裸体のエロス的肯定」節
76-7, 271, 299, 317
弁神論　101, 132-3, 136-7, 293, 324, *118, 138, 141, 184, 189, 201*

暴行・暴虐（⇔エロス）　Ｉ巻第Ⅱ部第五章・「強姦欲望という神話的テーマ」節
274-5, 301-3, 321
母権制・母権的宗教・母権的価値体系、母権的心性（⇔父権制・父権的〜）　Ｉ巻第Ｉ部・四章「母権的宗教に向けられた父権的な妬み」、同章「母権的大地母神信仰への憎悪という宗教的含意」節、「母権的価値の価値転倒としての聖なる蛇の貶下」節、「母権的価値の貶下的転倒の他の諸相」節、第五章・「ジェーン・ハリソンの母権論的視点」節
Ⅱ巻第二章・「母権制論の希薄化」
4-6, 8-9, 11, 20, 22, 44-5, 56, 60-1, 64, 68-9, 125, 170, 236, 291, 307, 323, 333, *66, 71, 80, 82, 136, 144, 149, 150, 162*
母性・母性愛　62, *46, 82, 121, 162*
母神・母性神・母なる佛（⇔父神）　Ⅱ巻第二章・補注「一つの参照事例、沖縄・奄美の「腰当森」の神」
88, 187, *74-5, 77-8, 82, 123, 144, 165*
ホメロス神話　63

ま　行

マゾヒズム・自虐の快楽（⇔サディズム）　Ｉ巻第Ｉ部第六章「「残酷なる試しの神」としてのヤハウェと預言者のマゾヒズム」
64, 169, *44, 68*
マタイ受難曲　Ｉ巻第Ⅱ部第一章・補注「ペトロの躓き・バッハの「マタイ受難曲」・『マタイ福音書』の全体構成」
末法思想（浄土教）　*191-2, 194, 206*
マニ教主義・マニ教主義的二元論
12, 158-9, 163-4, *124, 128*
マリア信仰　Ⅱ巻第二章・補注「マリア信仰に対するフロイトの見地」
75

無意識・無意識的・無意識化（⇔意識・意識的・意識化）　Ⅱ巻第三章・「「影」の理論の端緒――無意識化が影を生む」節、「無意識的全体性感覚とその自覚化

は 行

バァール＝アシェラ信仰　Ⅰ巻第Ⅰ部・第一章「バァール＝アシェラ信仰に対する組織的闘争」節
5, 38, 40, 52, 61, 66, 68, 72-4, 78, 83, 88, 90, 93, 158, 215, 223, 260, 307, *57*, *60*, *77*
背反性（全体性への）　*200-1*
パトス　280
バビロニア捕囚・出バビロニア
41, 101, 106
反終末論・現在主義・「永遠の今」・「絶対現在」（⇔終末論）　286, *25*, *27*, *72*, *74*, *176*, *181*, *192-3*, *196*, *198-9*, *209*
汎神論・汎神論的宇宙神　Ⅰ巻第Ⅱ部第一章・「汎神論的宇宙神と慈悲の神とは如何に媒介可能か？」節、「三つの問題側面」節
Ⅱ巻第三章・「汎神論的宇宙神の人格化という問題」節
44, 130, 135, 155, 168, 202, 290, *30*, *89*, *103*, *144*, *149*, *159-61*, *163-5*, *181-2*, *188*, *198-9*
反性愛主義・反性欲主義　67
反省的意識（⇔無意識）　66, 320
反対物の一致（⇒対立物の一致）
反律法主義（⇒律法主義）

悲・悲の側面　*158*, *174*, *191*, *193-4*, *208*
非合理的　*133-4*, *139*, *142-3*, *148*
被差別民　Ⅰ巻第Ⅱ部第二章・「被差別民という問題の地平」節
158-9, 194, 322
被造者感情　*135*
病人・病者（⇔医者）　Ⅰ巻第Ⅱ部第二章・「「罪人」か「病人」か――ニーチェの問題提起」節
130, 202, *32*
ヒンドゥー教　2, 13, *102*, *104*

父権制・父権的宗教・父権的価値体系、父権的心性・父権的家族主義（⇔母権制・母権的～）　Ⅰ巻第Ⅰ部・第二章「嫉妬の心性と旧約聖書――『エレミヤ書』と『エゼキエル書』をめぐって」、第三章「ヤハウェ主義を特徴づける女性嫌悪、あるいはその「肉」メタファー」、第四章「母権的宗教に向けられた父権的な妬み」、第Ⅱ部第四章・「父権的家族主義からの女性の擁護」節
4-5, 8-9, 13, 20, 22, 89, 125, 236, 252, 258, 262, 333, *48*, *56*, *63*, *77-9*, *136*, *144*, *149-50*, *164-5*
父神（⇔母神・母なる佛・大地母神）
10, 290, *123*, *165*
仏教　3, 13, 17, 19-20, 22, 217, *20*, *149*, *154*, *188*, *194-5*, *203*, *205*
プラトン哲学・プラトン主義・新プラトン主義・中期プラトン主義
Ⅰ巻第Ⅱ部第三章・補注「アニミズム的霊魂観・グノーシス主義・プラトン哲学」
191, 258, 261, 279-81, 295, 301, 306, 309, 315, 322, *16*, *26*
プレーローマ　Ⅰ巻第Ⅱ部第六章・「プレーローマ的安息の観念」節
Ⅱ巻第四章・「オットーとグノーシス派の「プレーローマ」的安

＊内在的超越（⇔対象的超越）　*168-9*
超越神（⇔内在神）　13, 15, *160*
長子相続の原則　55, *72*

対関係　176-8, 258

ディオニュソス信仰　91, 291, *36-7, 43, 49*
敵・「敵」観念　129, 158-60, *14, 95, 106, 110*
天国・天の王国・神の王国　I巻第II部第三章「イエスにおける「天の王国」表象の「生命力」メタファー――種子と幼子」
11, 286-7, 300, 305, 312-3, 325, 327, *25-6, 28, 73, 165, 180*

道教　13, *102*
道徳主義・道徳主義的完全主義　II巻第三章・「実際の道徳的諸問題は義務のぶつかり合いから生じる」節
66, 135, 188, 211, 323, *68, 72, 94, 101-3, 107, 139-41*
道徳的（⇔宗教的）　17, 64, 93, 134-5, 137, 148, 151, 161, 164-5, 169, 179, 185-8, 208, 210-1, 217-8, 239, *31-2, 92, 134, 139, 154, 184, 186*
道徳的判断中枢　*93*
東洋的自然主義　17-9, *191*
執り成し役　99, 104, 108, 113, 116

な　行

内面的罪悪感・自己罪悪感　207, 216

肉　I巻第I部第三章「ヤハウェ主義を特徴づける女性嫌悪、あるいはその「肉」メタファー」、第II部第五章・補注「西欧的「情熱」観念と「肉」の問題伝統」
37-8, 62, 78, 160, 165, 236, 241, 253, 274, 279, 281-2, 302, 323-4, 326, *17, 152*
西田哲学（⇒西田幾多郎）
二者一組関係・二種一組関係（⇒対関係）
二重道徳　152, 154-5
二度生まれの人　*153, 177, 179, 181-2, 187*
二律背反　*113, 117, 140, 148*

ヌーメン　*134-5, 143, 147, 151*
ヌミノーゼ　II巻第四章・「宗教的経験の核心としてのヌミノーゼ経験」節
150, *138-40, 148, 151-3*

妬み（⇒嫉妬）
妬みの神（⇔憐れみの神・慈悲の神）　I巻第I部・第一章・「妬みの神ヤハウェ」節
36, 98, 163, 211, 234, *60, 111, 139*
熱愛（カンナー）　I巻第I部・第一章「嫉妬と熱愛」
168, 280-2, *73*
涅槃　26, 28, *139, 149*

残りの者　I巻第I部第六章・「「心砕かれた者」と「残りの者」の関連――『詩篇』とも関連づけて」節
102

戦士・戦士的精神　90, 293, *16*, *24*, *40*
戦争神（⇒聖戦）
全体性・全一性・充溢（⇔欠如・欠乏）　I巻第II部第六章・「《全一性－欠如》のプラトン的弁証法」節
290, 292, 301, 303, 312, *98*, *200*
善の欠如理論　*119*

想起　16, 63, 83, 88, 111, 114, 127, 212, 241-4, 247, 273, 295, 297, 300, 303-4, 306, 312, *179*, *181*
創造主・創造主神・創造主的人格神　II巻第一章・「創造主的人格神宗教の棄却」節
11-2, 130, 135, 169, 178, 290, *90*, *117-8*, *144*, *149*, *160-2*, *199*
造物主・デミウルゴス・ヤルダバオート　177, 180, 249, 266-7, 269, 271, 290, 293
祖型　52, 100-1, *44*, *57*, *106*
ソフィア的知恵　44, 61, 85, 164, 184, 316, *97*, *102*, *113*, *120-1*, *128-9*, *141*, *143*, *164*

た　行

存在論的疎外　*177*, *179*
対外倫理　153
対象論理　*158*, *189*, *198*
大地母神・地母神・母神（⇒母権制・母権的宗教・母権的大地母神宗教、母権的価値体系、母権的心性）
対内倫理（⇔対外倫理）　153
大洋感情　12
代理贖罪　108, *71*
対立物の結合（coincidentia oppositiorum 一致）・反対物の一致・対照的なもの同士の調和
135, *89*, *92-3*, *96*, *98-9*, *102*, *104*, *107-8*, *116*, *119-2*, *124*, *126*, *135*, *139-40*, *144*
対立物の和解・宥和　*97*
多神教　10, 12, *60*, *75*
ダビデ王国　39, 211, 222, 225, 286
試しの神　I巻第I部第六章「「残酷なる試しの神」としてのヤハウェと預言者のマゾヒズム」、同章の「残酷なる試しの神」節

他力　II巻第五章・「『善の研究』における神人合一経験としての「純粋経験」と他力即自力の論理」節、「自力挫折こそが他力覚醒の根拠」節
170, 187-8, 212, *153*, *156-7*, *212*
男性原理・男性主義　10, 256, 266, *72*

知恵の木の実　77-8, 271-2, 317
知恵文学　82, *87*
力　12, 15, 60, 64-5, 75, 82, 85, 133, 158, 167, 169, 173, 180-1, 186, 205, 208, 211-2, 222-3, 230, 269, 298, 300, *13-4*, *37-8*, *51-3*, *59-61*, *65*, *70*, *72*, *77*, *83*, *94*, *100-1*, *122*, *143*, *146-8*, *151-2*, *166-7*, *170*, *180*, *183-4*, *186*, *190*
中心志向　*100*, *108*
忠節の愛　199, *71-2*
超越・超越的（⇔汎神論的）　*163*, *168*
＊対象的超越（⇔内在的超越）　*168-9*

神人合一・神人合一の無感動的エクスタシス　Ⅰ巻第Ⅱ部第一章・「汎神論的宇宙神と慈悲の神とは如何に媒介可能か？」節
Ⅱ巻第五章・「『善の研究』における神人合一経験としての「純粋経験」と他力即自力の論理」節
13, 137, 191, 294, *16, 26, 52, 146, 153-4, 156, 158, 160, 164-5, 175, 181, 190, 197*
神人同一・神人同形・神人同体・神人同性　10, 90, *160, 164, 169*
新生　228, *187*
身体・体　283, 324, 327, *91-2, 108*
審美・観照（⇔行為）　12, 17, *90, 138, 205*
神秘思想・神秘主義・神秘家　*26, 34, 89, 97, 117, 137-9, 147-9, 159-60, 163, 172, 175, 179, 181-2, 188, 198-9*
心理学的類型　111, *19, 21, 152*

性愛・性欲・セックス（⇔反性愛主義・反性欲主義）　Ⅰ巻第Ⅰ部第三章・補注「ヤハウェ主義者の反性愛主義をなにより物語る『レビ記』」、第Ⅱ部第六章・補注「D・H・ロレンスにおける「小さいセックス」と「大きなセックス」の区別」
Ⅱ巻第一章・「ニーチェの所有主義的性愛観」節
37, 60, 62, 66, 165, 252, 254-5, 274, 280-1, 302, *21, 41*
性器・裸体　Ⅰ巻第Ⅱ部第五章・「聖なる蛇と裸体のエロス的肯定」節
64
性禁欲主義（禁欲主義・性的禁欲・僧侶的禁欲主義）　60-1
精神分析学的治療作用　Ⅰ巻第Ⅱ部第六章・補注「ザロメの精神分析学的治療思想とグノーシス派との類縁性」
309-10
聖戦　Ⅰ巻第Ⅱ部・第一章・「戦争神ヤハウェの拒絶」節、「聖戦思想との対決」節
12, 39, 98, 119, 126, 146, 159-60, 163, 168, 258, 331, 333, *60, 71-3, 107, 139*
性的禁欲（⇒禁欲主義・僧侶的禁欲主義）
正統主義・正統派　*33, 133*
生命主義・生命　Ⅰ巻第Ⅰ部第一章・補注「生命力のシンボルとしての常緑樹」、第Ⅱ部第三章・「イエスの「天の王国」表象」節、第六章「イエスの生命主義とグノーシス派」
Ⅱ巻第一章「生命主義という問題の環」節、第五章・「西田の生命主義」節
62, 69, 77-8, 85, 123, 188, 208, *35-6, 73-4, 88, 146, 152, 166-7, 187*
世界・内・存在　314, *177*
「世界史の哲学」グループ　Ⅱ巻第五章・「「世界史の哲学」的ヘーゲル主義の拒否」節

石柱　43, 72-3
絶対的卓越性（⇔被造者感情）　*135, 138*
絶対矛盾的自己同一　*189*

327, 26, 136, 145
集合的無意識・集団的無意識　Ⅱ巻第二章・「集団的無意識としての原父殺しトラウマ」節、同章・補注「抑圧されたものの回帰」
158
十字架の逆説　204, 248, *12*
集団的無意識の敵対者像　65-6, *106*
終末論・終末論的・終末　Ⅱ巻第五章「西田幾多郎と終末論」、同章・「終末論というテーマの摂取と日本仏教への西田の批判」節
11, 13, 170, 210, 226, 327, *25*
種子・植物的生命力　Ⅰ巻第Ⅱ部第三章「イエスにおける「天の王国」表象の「生命力」メタファー——種子と幼子」
305, 309
殉教・殉教主義　335-6
純粋経験　Ⅱ巻第五章・「『善の研究』における神人合一経験としての「純粋経験」と他力即自力の論理」節
153-4, 156
浄土・浄土教　*191, 206-7*
情熱　Ⅰ巻第Ⅱ部第五章・補注「西欧的「情熱」観念と「肉」の問題伝統」
280
娼婦　Ⅰ巻第Ⅱ部第四章・補注「娼婦マグダラのマリアとグノーシス派」
51-2, 60, 64-5, 89, 161, 203, 234, 236, 239-40, 253, 279, 303
浄福的生　*14-5, 17, 167*
常緑樹　Ⅰ巻第Ⅰ部第一章・補注「生命力のシンボルとしての常緑樹」
69, 72, 88, 306-7
贖罪　Ⅱ巻第二章・「パウロによる贖罪宗教への転換」節
101, 205, *13-4, 31, 115*
女性嫌悪（ミソジニー）　Ⅰ巻第Ⅰ部・第三章「ヤハウェ主義を特徴づける女性嫌悪、あるいはその「肉」メタファー」、同章「女性嫌悪」節、「女性嫌悪を生む性愛経験とは？」節、第Ⅱ部第五章「女性嫌悪に抗するイエスとグノーシス派——グノーシス派文書『この世の起源について』と『魂の解明』にかかわらせて」

Ⅱ巻第一章・「ニーチェの女性嫌悪」節
333, *21, 45, 72, 140, 152*
女性原理・女性主義　11, 64, *79*
女性祭司　Ⅰ巻第Ⅱ部第五章・補注「女性祭司の存在こそ母権的宗教の本質」

自力（⇔他力）　Ⅱ巻第五章・「『善の研究』における神人合一経験としての「純粋経験」と他力即自力の論理」節、「自力挫折こそが他力覚醒の根拠」節
164-5, 187-8, 212, *153, 157, 179*
神化　Ⅱ巻第一章・補注「「おのれを神化されたと感じる」という救済目標とグノーシス主義」
291-2, *14*
人格神・人格化・人間化・道徳化
117, 124, 132, 141, 161, 163, 165
神義論（⇒弁神論）

「「心砕かれた者」と「残りの者」の関連——『詩篇』とも関連づけて」節
124, 168
個性化過程（自己の） *100-2, 107, 111, 113-7, 120-1, 141-2*
子供・幼子　Ⅰ巻第Ⅱ部第三章「イエスにおける「天の王国」表象の「生命力」メタファー——種子と幼子」
74, 79, 88, 90, 100, 154, 224, 299, 312-3, 316-7, *67, 146, 170*

さ 行

最高善 *118, 121*
罪人（⇔義人）　Ⅰ巻第Ⅱ部第二章・「「罪人」か「病人」か——ニーチェの問題提起」節
119, 127, 158, 161, 168, 202, 208, 215, 320, *32, 178*
挫折経験（自力の） *175*
サディズム・サド＝マゾヒズム
40, 65, 98-100, 105, 107, 113, 174, 255, 275, 322-3, 333, *17, 112, 143*
裁きの神・裁きの道徳（⇒赦し、赦しの神）
サマリア人　Ⅰ巻第Ⅱ部・第一章「サマリア人問題」節
194

自我　Ⅱ巻第三章・「「自己」と「自我」——深層心理学的考察の方法論的土台」節
188-9, *52, 120, 141, 186*
＊西欧的自我 *103*
＊キリスト教的自我　Ⅱ巻第三章「キリスト教的自我としての西欧的自我——「影」理論の源泉」節
95, 102, 122-3, 162
＊道徳主義的自我 *94, 107, 124, 185*
時間性・時間的・時間化・歴史性・歴史的・歴史化（⇔空間性・空間的・空間化） *197-8, 203-4*
自己　Ⅱ巻第三章・「「自己」と「自我」——深層心理学的考察の方法論的土台」節、「キリスト教的自我としての西欧的自我——「影」理論の源泉」節、同章・補注「「自己」との照応関係の諸形態」
135, 137, 263, *21, 96-7, 99, 101, 110, 116, 120, 122, 141-2, 199*
自然哲学 *89, 117*
実存的個別性・唯一性・一回性　Ⅱ巻第五章・「西田幾多郎における実存論的視点（個の一回性）の摂取」節
175, 198
嫉妬　Ⅰ巻第Ⅰ部・第一章「嫉妬と熱愛」、第二章「嫉妬の心性と旧約聖書——『エレミヤ書』と『エゼキエル書』をめぐって」
71, 83, 239, 266, 279-80, 294, 299, 302, 333, *42*
嫉妬の律法・嫉妬の霊　50-1
至 福　13, *70, 133, 135, 137, 139-41, 144, 148-50, 153, 207*
充溢　178, 180, 185, 290, 295, 297, 311, 313, *135, 149*
宗教的（⇔道徳的）　210, *133-4, 136, 144, 154, 160, 166-7, 175-7, 181, 184, 207*
宗教的救済財　13, 39, 183, 191, 294,

五章・補注「キリスト教的「良心」とニーチェ」
189

禁欲主義・僧侶的禁欲主義　II巻第一章・「ニーチェの禁欲主義批判」節
61, 64, *21-2, 44, 68*

空　*139, 163, 203, 209*

空間性・空間的・空間化（⇔時間性・時間的・時間化・歴史性・歴史的・歴史化）　*23, 27, 29, 197-8, 202, 204-5*

偶像崇拝　43, 82-4, 253-4

グノーシス派キリスト教・グノーシス主義・グノーシス（認識・知恵）　I巻第II部第一章・「対立を主張するグノーシス派」節、第五章「女性嫌悪に抗するイエスとグノーシス派——グノーシス派文書『この世の起源について』と『魂の解明』にかかわらせて」、第六章「イエスの生命主義とグノーシス派」、補章・「グノーシス派とニーチェ——イエスの死の理解をめぐって」節
II巻第一章「ニーチェとグノーシス派との類縁性の基盤」節、補注「「おのれを神化されたと感じる」という救済目標とグノーシス主義」、第四章「オットーとグノーシス派の「プレーローマ」的安息」節
1, 2, 6, 10, 37-8, 60-2, 76, 81, 179-80, 184, 189-91, 226-7, 233, *15, 33-5, 41-2, 48, 86, 88-9, 97, 146, 148-9, 159, 161, 164*

軍神（⇒聖戦）

契約　36, 134, *87*

欠如・欠乏（⇔全一性・全体性・充溢）　I巻第II部第六章・「《全一性－欠如》のプラトン的弁証法」節
266, 289-90, 292, 301-3, 313-4, 322, *44*

ゲルマン民族・ゲルマン的・ゲルマン神話　16, *40*

元型　135, 263, 277, 312, *89, 97, 101, 111*

原型・範型（⇔模型・摸像）　269, 271, 297

原罪　122, 130, 161, 165, 172, 210, *69, 74, 163, 174*

原社会主義　153

現世内超越　225, *26*

原父・原父制・原父殺し　55, *63, 65, 67, 69-70, 76*

行為（⇔審美・観照）　*138*

行為の神　*137, 162*

強姦・凌辱・レイプ欲望　I巻第II部第五章・「強姦欲望という神話的テーマ」節
65, 266, 269, 273-5, 278, *44, 53*

恍惚道（エクスタシア・エクスタシー）　42, 66-7, 90, 93, 184, *43, 138*

合理的・合理主義・合理主義的（⇔非合理的）　II巻第二章・「フロイトの合理主義的ヤハウェ解釈の問題性」節
12-3, 15, 136, 151, *87, 128, 132, 134, 137-9, 142-4*

心砕かれた者　I巻第I部・第六章・

38, 61, 255, 268, 272, 279, 280-1, 295-6, 300, 302, 304, 322, *41-2*, *73*, *87*
円環・円環的　11, *198*

横溢　13, *135*, *139*, *144*, *148*, *153*
往還・往還的論理　Ⅰ巻第Ⅱ部第一章・「イエス思想の混淆性あるいは往還性――本書の視点」節
185, 286
オシリス信仰　*60-1*
恐るべき神・畏怖・恐懼・戦慄　*99*, *115*, *137*, *140-1*, *144*, *148*, *150*
男女（おめ）存在（⇒両性具有）

か　行

回心　*175*, *178-80*, *184*, *186-9*, *191*, *199*
快楽主義　*16*
革命（「革命家」・「政治的ならびに社会的革命」等）　Ⅰ巻第Ⅱ部第一章・補注「「革命家」として預言者を捉えるフロムの視点」
39, 161, 215, *204*
影　Ⅱ巻第三章・「「影」の理論の端緒――無意識化が影を生む」節、「キリスト教的自我としての西欧的自我――「影」理論の源泉」節、「影的判断中枢の二つの位相」節、「「影」との積極的対話こそが「自己の個性化的発展」を導く」節
65-6, *91*, *96*
カタルシス（浄化）・超越的カタルシス　12, *125*
カバラ主義　45, *89-90*
神の王国（⇒天国）
神の子　11, 172, 314, *146*
姦淫・姦通・淫行　Ⅰ巻第Ⅰ部・第二章・「「姦淫」重犯罪視に波打つ父権的心性」節、第Ⅱ部第四章「イエスの「姦淫」否定の論理」・同補注「『ヨハネ福音書』の「姦淫の女」について」、第六章・「イエスの姦淫否定論とグノーシス派」節
83, 198, 203, 234, 252, 299, 333, *45*, *71-3*, *139*
頑迷預言の命令　115, 117

義人・義人国家・義人の王国（⇔罪人）　13, 101-2, 108-9, 119, 126-7, 165, 167-8, 202, 210, 216, 286
犠牲　42, 79, 83, 104, 109, 195-7, *13-4*, *69*, *114*
基礎経験　20, 56
客観的形成的　Ⅱ巻第五章・「キリスト教的「客観形成的歴史性」に対する西田のアンビヴァレンス」節

究極神・至上神・至高神（⇔造物主）　178, 265, 267-9, 271, 291
救済史観　162, 324, 331, *12*
救済宗教　*140*, *145*, *150*
救世主　11
共苦（compassion, Mitleiden）　191-2, 218-9, *36-8*, *152*, *194*
狂躁道（オルギア・オルギー）・性的狂躁道　42-3, 90-1
京都学派　*208*
ギリシア民族・ギリシア的・古代ギリシア神話　16, 282, *40-1*
キリスト教的主体性・良心　Ⅱ巻第

II　事項索引

あ 行

アートン教　103, *57*, *60-1*
愛敵　39, 129, 146, 154, 156, *23-4*, *38*
愛と憎悪のアンビヴァレンス　37-8, 163
悪霊憑き　I巻第II部第二章・補注「「悪霊に憑かれた者」の特別な位置」
168
新しい契約　I巻第I部第六章・「『詩篇』と「新しい契約」観念の登場（『エレミヤ書』）——移行期的著作」節
104-5, 108, 123, 172, 326, *12*, *142*
アニミズム・アニミズム的宇宙観　I巻第II部第三章・補注「アニミズム的霊魂観・グノーシス主義・プラトン哲学」
6, 10, 12, 20, 22, 76, 232, *35*, *60*, *62*, *146-7*, *152*, *162-3*
憐れみの愛・慈悲（ヘセド）の愛
37, 121, 199, *165*
憐れみの神・慈悲と赦しの神（⇔妬みの神）　I巻第II部第一章・「汎神論的宇宙神と慈悲の神とは如何に媒介可能か？」節、「三つの問題側面」節、第二章「イエスにおける慈悲の愛の構造」
119, 130, 163, 168
安心　276, *172-3*
安息（⇒プレーローマ）
アンチ・キリスト　*95*, *119*, *129*
アンビヴァレンス（両義性）・アンビヴァレント（両義的）　93, 282, 300, *68*, *88*, *119*, *122*, *135*, *143*
＊運命的両義性（アンビヴァレンス）　81

石打の刑　237, 253, *71-2*
意識・意識的・意識化（⇔無意識・無意識的・無意識化）　5, 22, 50, 54, 67, 120, 170, 186, 188, 222, 233, 239, 241, 288, 292, 297, 320
医者（⇔病人・病者）　129, 168, 202, 205-6, *32*
一者　I巻第II部第六章・補注「「一者」とニーチェ」
178, 180, 289, 293-4, 296, 298, 302, 304, 307-8, 311, 313, *28*
一神教・唯一神　10, 13, 15, 40, 103, 134, 258, *57*, *63*, *66*, *75*
淫婦（⇒娼婦）

宇宙樹（⇒常緑樹）
宇宙的全体性への主体転換　I巻第II部第一章・「汎神論的宇宙神と慈悲の神とは如何に媒介可能か？」節
191, *18*, *90*, *124*, *170*, *182-3*
宇宙の内面的統一力・宇宙的生命力
13, *51-2*, *123*, *149*, *154*, *161*, *165-8*, *185-6*

永遠の今（⇒反終末論）
エナンティオドロミー　*94*, *96*, *122*, *124*
エロス・エロス的性愛　I巻第II部第五章・「グノーシス派とプラトンのエロスの神話」節

三木清　14, 16-22, 56, 212, *164, 191, 204-5, 208*

モーセ　Ⅱ巻第二章「フロイト『モーセと一神教』を読む」
41, 48, 50, 55, 73, 77, 98-9, 101-4, 152, 175, 228, 237

や行

山形孝夫　7, 56, 60, 74, 79-80, 208, 247, 259

ヤルダバオート　177, 180, 249, 266-7, 269, 271, 290, 293

湯浅泰雄　Ⅱ巻第三章・補注「湯浅泰雄への批判」
7, 44, 61-2, 81, 179, 181, 256, 319, *34, 46, 87-8, 91*

ユング（カール・グスタフ）　Ⅱ巻第一章・補注「ユング・フロイト・ニーチェの三者関係」、第三章「ユング『ヨブへの答え』を読む」、第四章・「オットーとユング」節
3, 6-7, 61, 65-6, 81, 85, 131, 135, 150, 159, 164, 179, 181, 185-6, 188, 190, 256, 263, 312, 316, 319, 323, 336, *19, 34, 48, 53, 64, 76, 144, 146, 162, 164-5, 185-6, 189*

吉本隆明　Ⅰ巻第Ⅱ部第一章・補注「「家族との決裂覚悟の問題」にかかわって、吉本隆明と丸山眞男について」

ら行

リルケ（ライナー・マリア）　*78, 80, 82-3*

老子　137, 148, 179, 181-2, 189, 192, *34, 104, 125, 156*

ロレンス（D・H）　Ⅰ巻第Ⅱ部第六章・補注「D・H・ロレンスにおける「小さいセックス」と「大きなセックス」の区別」
Ⅱ巻第一章・補注「D・H・ロレンスとニーチェとの異同」
3, 7, 14, 20-2, 94, 149, 233, 259, 336, *19, 73, 84, 107, 195*

わ行

和辻哲郎　14, 20-1

258-60, 273-5, 279-82, 331, 336-7, *17-8, 20-1, 26, 35, 39, 41-2, 60, 67, 74, 84, 115, 140, 147, 154, 156, 159-60, 166-7, 174, 179, 187, 192-3*

バッハオーフェン（ヨハン・ヤコブ）（参照：文献名索引：母権論）
Ⅰ巻第Ⅰ部・第五章・「バッハオーフェン・ルネッサンスとヴェーバー」節
Ⅱ巻第一章・補注「バッハオーフェンとニーチェとの関係をめぐって」
4-5, 9, 22, 57, 75, 88, *76*

林道義　*86, 90-1*

ハリソン（ジェーン）　Ⅰ巻第Ⅰ部・第五章「補助線としてのジェーン・ハリソン『ギリシアの神々』」、同章の「ジェーン・ハリソンの母権論的視点」節
39

バルト（カール）　*192*

ブーバー（マルティン）　*125*

福永光司　181-2, 184, *102*

藤田正勝　*157, 167, 174, 178*

仏陀・佛　*19-20, 22, 25, 32, 39, 42, 206*

プラトン　230, 244, 255, 261-2, 264, 277, 294-6, 298-301, 303-4

フロイト（ジークムント）　Ⅱ巻第一章・補注「ユング・フロイト・ニーチェの三者関係」、第二章「フロイト『モーセと一神教』を読む」
3, 6-7, 11, 55, 57, 103, 323, *19, 39, 48, 86*

フロム（エーリッヒ）　Ⅰ巻第Ⅱ部第一章・補注「「革命家」として預言者を捉えるフロムの視点」、補章・補注「十字架上のイエスの最後の言葉をめぐるエーリッヒ・フロムの指摘と解釈」
7, 81, 99-100, 150, 233, *60*

ペイゲルス（エレーヌ）　7, 60, 75, 176-7, 227, 249, 257-8, 287, 314, 325, 335-6, *33*

ヘーゲル（ゲオルク・ヴィルヘルム・フリードリヒ）　Ⅱ巻第五章・「「世界史の哲学」的ヘーゲル主義の拒否」節
321, *29, 183, 189, 204*

ペトロ　165-7, 207, 247, 249, 259-60

法然　187, 212, *193*

ホメロス　63, 89-90, 95, 261, 278, *40*

ま 行

マリア(聖母)　Ⅱ巻第二章・補注「マリア信仰に対するフロイトの見地」
11, 60, 80-1, 219, 259-60, *45, 74-5, 86*

マリア（マグダラの）　Ⅰ巻第Ⅱ部第四章・補注「娼婦マグダラのマリアとグノーシス派」
60, 246-9, 259-60, 263, 278

丸山眞男　Ⅰ巻第Ⅱ部第一章・補注「「家族との決裂覚悟の問題」にかかわって、吉本隆明と丸山眞男について」
14, 17, 21-2, 212, *162-4, 168, 193, 203*

マン（トーマス）　7, 66-7, 150, *100, 178*

チャールズウァース（ジェイムズ・H） 7, 146, 155, 246

ディオニュソス 91, 93, 180, 184, 191, *24, 39, 41, 43, 122*
デーメーテール 89-91, *39*
デミウルゴス（⇒事項：造物主）

ドストエフスキー（フョードル） Ⅰ巻第Ⅱ部第一章・補注「《人間の根源的弱さへの憐れみの愛》の思想とドストエフスキー」
Ⅱ巻第五章・補注「西田とドストエフスキー」
7, 150-1, 224, *194-5, 204-5*

な 行

中澤洽樹 136, 231

ニーチェ（フリードリヒ） Ⅰ巻第Ⅱ部第六章・補注「「一者」とニーチェ」、補章・「グノーシス派とニーチェ——イエスの死の理解をめぐって」節
Ⅱ巻第一章「ニーチェのイエス論」、第三章・補注「ユング的視点から見たニーチェの矛盾」、第五章・補注「キリスト教的「良心」とニーチェ」
2-3, 7, 9, 13-4, 16, 18-22, 37, 56, 64, 67, 75, 80, 91, 94, 107, 111, 113, 137, 149-50, 159, 170-1, 173-4, 176, 180-4, 190-1, 216-9, 224, 226-7, 245, 259, 310-1, 316-7, 323, 326, *68, 73, 78, 84, 100-1, 103, 117-8, 120-3, 147, 152, 167, 178, 183, 195, 198*

西田幾多郎 Ⅱ巻第四章・「オットーと西田を架橋する試み——媒介者ジェイムズ」節、第五章「西田幾多郎と終末論」
4, 7, 13-4, 17-8, 21, 170, 186-9, 192, 210-2, 320, *16, 29, 51-2, 123, 144, 149, 190, 192, 206, 208*
ノイマン（エーリッヒ） *91-2, 100, 108-9*

は 行

ハーマン（ジュディス） *83*
ハイデガー（マルティン） 314, *177*
パウロ Ⅰ巻第Ⅱ部第一章・「パウロにあって希薄化する二つの問題——パウロ的愛の限界性」節、「亀裂を発展的転換の論理のうちに回収するパウロ」節、第五章「パウロの性欲観」節、補注「カレン・アームストロング『キリスト教とセックス戦争』批判——パウロ評価にかかわって」、第六章「パウロ的生命主義の問題構造とユダヤ的律法主義との関係」節、補注「パウロにおける「天の王国」表象の終末論的性格と、その肉体復活論」
Ⅱ巻第一章・「ニーチェのパウロ批判の論点」節、第二章・「パウロによる贖罪宗教への転換」節、第四章「オットーとパウロ」節
1, 2, 7, 37, 62, 85, 104-5, 107-8, 122-3, 131, 145, 151, 164-5, 176, 188, 191-2, 204, 209-13, 217, 222, 227,

巻第Ⅰ部第五章・「バッハオーフェン・ルネッサンスとヴェーバー」節
Ⅱ巻第四章・「オットーの旧約聖書論――ヴェーバーとの比較において」節
1, 3, 5-7, 11, 13-4, 37-9, 42, 44, 63, 72, 79, 90, 93, 98, 126, 137, 142, 147-53, 183-4, 190, 214-5, 232, 294, 301, *23*, *25-6*, *48*, *52*, *56-7*, *60-1*, *77*, *90*, *145*, *150*, *156*, *159*, *162*
上山安敏　7, 44, 57, 80, 94, 245, *48-50*

エリアーデ（ミルチャ）　44, 306, *76*

大貫隆　264-5, 281
オットー（ルードルフ）　Ⅱ巻第四章「オットー『聖なるもの』を読む」
6-7, 13, 150, 179, 184-5, 188, 190, 225, *67*, *90*, *124*, *165*, *179*, *182*, *207*
折口信夫　*148*

か　行

カイン　Ⅰ巻第Ⅰ部第二章・補注「カイン－アベル問題の捉え方をめぐって」
53-4, 299
勝村弘也　68-9

キェルケゴール（セーレン）　*183*, *189*, *209*

グロース（オットー）　57, 94, 304

ゲーテ（ヨハン・ヴォルフガング・フォン）　*46*, *100*

小坂国継　*178*
小林稔　314-5
ゴルゴン　92, *39*

さ　行

佐藤研　216, 236, 240, 261, 331, *12*
サルトル（ジャン＝ポール）　149-50, 159, 174, 295, 298
ザロメ（ルー）　Ⅰ巻第Ⅱ部第六章・補注「ザロメの精神分析学的治療思想とグノーシス派との類縁性」
218, 312, *78-84*, *144*

ジェイムズ（ウイリアム）　Ⅱ巻第四章・「オットーと西田を架橋する試み――媒介者ジェイムズ」節、第五章・「転回点、ジェイムズの『宗教的経験の諸相』」節
148-9, *171-2*, *182*, *187-8*
柴田有　*15*
シューバルト（ヴァルター）　295, 298
親　鸞　17, 187, 212, *154*, *163*, *169*, *172*, *174-5*, *179*, *191-3*, *206*, *208*

鈴木大拙　*158*, *190*, *193-4*, *205-6*
鈴木佳秀　36, 43, 73, 77, 197

関根清三　7, 49-50, 74, 107, 109, 113, 115, 117, 125, *71*
関根正雄　36, 244

た　行

田辺元　21, *208*

著者紹介

清 眞人（きよし・まひと）
1949年生まれ、早稲田大学政経学部卒業、同大学院文学研究科哲学専攻・博士課程満期修了。元、近畿大学文芸学部教授。
本書に深く関連する著書としては、『《想像的人間》としてのニーチェ――実存分析的読解』晃洋書房、2005年。『遺産としての三木清』（共著）同時代社、2008年。『三島由紀夫におけるニーチェ――サルトル実存的精神分析を視点として』思潮社、2010年。『村上春樹の哲学ワールド――ニーチェ的長編四部作を読む』はるか書房、2011年。『サルトルの誕生――ニーチェの継承者にして対決者』藤原書店、2012年。『大地と十字架――探偵Lのニーチェ調書』思潮社、2013年。『否定神学と《悪》の文学Ⅰ　預言者メンタリティーと『白鯨』』アマゾン・kindle電子書籍、2015年。『否定神学と《悪》の文学Ⅱ　マンの『ファウスト博士』とニーチェ』アマゾン・kindle電子書籍、2015年。『否定神学と《悪》の文学Ⅲ　ドストエフスキー的なるものと『罪と罰』』アマゾン・kindle電子書籍、2015年。他多数。

聖書論《せいしょろん》　Ⅱ聖書批判史考《せいしょひはんしこう》
――ニーチェ、フロイト、ユング、オットー、西田幾多郎《にしだきたろう》

2015年8月30日　初版第1刷発行©

著　者　清　眞人
発行者　藤原良雄
発行所　株式会社　藤原書店

〒162-0041　東京都新宿区早稲田鶴巻町523
電　話　03（5272）0301
FAX　03（5272）0450
振　替　00160-4-17013
info@fujiwara-shoten.co.jp

印刷・製本　中央精版印刷

落丁本・乱丁本はお取替えいたします
定価はカバーに表示してあります

Printed in Japan
ISBN978-4-86578-040-6

コルバンが全てを語りおろす

感性の歴史家 アラン・コルバン

A・コルバン
小倉和子訳

飛翔する想像力と徹底した史料批判の心をあわせもつコルバンが、「感性の歴史」を切り拓いてきたその足跡を、『娼婦』『においの歴史』から『記録を残さなかった男の歴史』までの成立秘話を交え、初めて語りおろす。

四六上製　三〇四頁　二八〇〇円（二〇〇一年一一月刊）◇978-4-89434-259-0

HISTORIEN DU SENSIBLE　Alain CORBIN

「感性の歴史家」の新領野

風景と人間

A・コルバン
小倉孝誠訳

歴史の中で変容する「風景」を発見する初の風景の歴史学。詩や絵画などの美的判断、気象・風土・地理・季節の解釈、自然保護という価値観、移動速度や旅行の流行様式の影響などの視点から「風景のなかの人間」を検証。

四六変上製　二〇〇頁　二二〇〇円（二〇〇二年六月刊）◇978-4-89434-289-7

L'HOMME DANS LE PAYSAGE　Alain CORBIN

五感を対象とする稀有な歴史家の最新作

空と海

A・コルバン
小倉孝誠訳

「歴史の対象を発見することは、詩的な手法に属する」。十八世紀末から西欧で、人々の天候の感じ取り方に変化が生じ、浜辺への欲望が高まりを見せたのは偶然ではない。現代に続くこれら風景の変化は、視覚だけでなく聴覚、嗅覚、触覚など、人々の身体と欲望そのものの変化と密接に連動していた。

四六変上製　二〇八頁　二二〇〇円（二〇〇七年二月刊）◇978-4-89434-560-7

LE CIEL ET LA MER　Alain CORBIN

現代人と「時間」の関わりを論じた名著

レジャーの誕生〈新版〉㊤㊦

A・コルバン
渡辺響子訳

仕事のための力を再創造する自由時間から、「レジャー」の時間への移行過程を丹念に跡づける大作。

A5並製　㊤二七二頁　㊦三〇四頁　口絵八頁　各二八〇〇円
（二〇〇〇年七月／二〇一〇年一〇月刊）
㊤◇978-4-89434-766-3
㊦◇978-4-89434-767-0

L'AVÈNEMENT DES LOISIRS (1850-1960)　Alain CORBIN

〈売春の社会史〉の傑作

娼婦 〈新版〉 ㊤㊦

A・コルバン
杉村和子監訳
山田登世子＝解説

アナール派初の、そして世界初の社会史と呼べる売春の歴史学。「世界最古の職業」と「性の欲望」が歴史の中で変容する様を鮮やかに描き出す大作。

A５並製 ㊤三〇四頁 口絵一六頁 ㊦三五二頁 各三二〇〇円
（一九九一年二月／二〇一〇年一一月刊）
㊤◇978-4-89434-768-7
㊦◇978-4-89434-769-4

LES FILLES DE NOCE Alain CORBIN

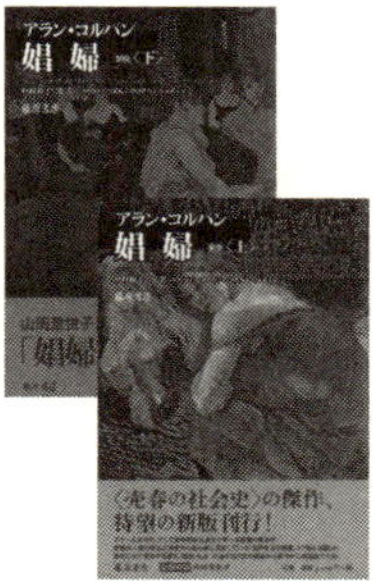

「物語」のように読める通史の決定版

キリスト教の歴史
（現代をよりよく理解するために）

A・コルバン編
浜名優美監訳 藤本拓也・渡辺優訳

イエスは実在したのか？ 教会はいつ誕生したのか？ 「正統」と「異端」とは何か？ キリスト教はどのように広がり、時代と共にどう変容したのか？……コルバンが約六〇名の第一級の専門家の協力を得て、キリスト教の全史を一般向けに編集した決定版通史。

A５上製 五三六頁 四八〇〇円
（二〇一〇年五月刊）
◇978-4-89434-742-7

HISTOIRE DU CHRISTIANISME sous la direction de Alain CORBIN

啓蒙の世紀から性科学の誕生まで

快楽の歴史

A・コルバン
尾河直哉訳

フロイト、フーコーの「性（セクシュアリテ）」概念に囚われずに、性科学が誕生する以前の言語空間の中で、医学・宗教・ポルノ文学の史料を丹念に読み解き、当時の性的快楽のありようと変遷を甦らせる、「感性の歴史家」アラン・コルバン初の〝性〟の歴史、完訳決定版！

A５上製 六〇八頁 口絵八頁 六八〇〇円
（二〇一一年一〇月刊）
◇978-4-89434-824-0

L'HARMONIE DES PLAISIRS Alain CORBIN

歴史家コルバンが初めて子どもに語る歴史物語

英雄はいかに作られてきたか
（フランスの歴史から見る）

A・コルバン 小倉孝誠監訳
梅澤礼・小池美穂訳

〝感性の歴史家〟アラン・コルバンが、フランスの古代から現代にいたる三三人の歴史的人物について、どのようにして英雄や偉人と見なされるようになり、そのイメージが時代によってどう変遷したかを論じる。

四六変上製 二五六頁 二二〇〇円
（二〇一四年三月刊）
◇978-4-89434-957-5

LES HÉROS DE L'HISTOIRE DE FRANCE EXPLIQUÉS À MON FILS Alain CORBIN

我々の「身体」は歴史の産物である

HISTOIRE DU CORPS

身体の歴史（全三巻）

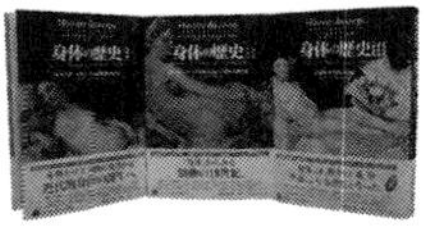

A・コルバン＋J - J・クルティーヌ＋G・ヴィガレロ監修

小倉孝誠・鷲見洋一・岑村傑監訳

第 47 回日本翻訳出版文化賞受賞　Ａ５上製（口絵カラー 16 ～ 48 頁）**各 6800 円**

自然と文化が遭遇する場としての「身体」は、社会の歴史的変容の根幹と、臓器移植、美容整形など今日的問題の中心に存在し、歴史と現在を知る上で、最も重要な主題である。16 世紀ルネサンス期から現代までの身体のあり方を明らかにする身体史の集大成！

第Ⅰ巻　16-18 世紀　ルネサンスから啓蒙時代まで

ジョルジュ・ヴィガレロ編（鷲見洋一監訳）

中世キリスト教の身体から「近代的身体」の誕生へ。宗教、民衆生活、性生活、競技、解剖学における、人々の「身体」への飽くなき関心を明かす！

656 頁　カラー口絵 48 頁　（2010 年 3 月刊）　◇978-4-89434-732-8

第Ⅱ巻　19 世紀　フランス革命から第一次世界大戦まで

アラン・コルバン編（小倉孝誠監訳）

臨床=解剖学的な医学の発達、麻酔の発明、肉体関係をめぐる想像力の形成、性科学の誕生、体操とスポーツの発展、産業革命は何をもたらしたか？

504 頁　カラー口絵 32 頁　（2010 年 6 月刊）　◇978-4-89434-747-2

第Ⅲ巻　20 世紀　まなざしの変容

ジャン＝ジャック・クルティーヌ編（岑村傑監訳）

ヴァーチャルな身体が増殖し、血液や臓器が交換され、機械的なものと有機的なものの境界線が曖昧になる時代にあって、「私の身体」はつねに「私の身体」なのか。

624 頁　カラー口絵 16 頁　（2010 年 9 月刊）　◇978-4-89434-759-5

ファッション、美容、エステは、いつ誕生したか？

美人の歴史

G・ヴィガレロ

後平澪子訳

ルネッサンス期から現代までの「美人」と「化粧法・美容法」をめぐる歴史。当初、普遍的で絶対的なものとしてあった「美」は、「自分を美しくする」技術や努力が重要視されるなかで、個性的なもの、誰もが手にしうるものとして徐々に〝民主化〟され、現代では〝美の追求〟は万人にとっての強迫観念にまでなった。

Ａ５上製　四四〇頁　**カラー口絵一六頁**　**四六〇〇円**

（二〇一二年四月刊）

◇978-4-89434-851-6

HISTOIRE DE LA BEAUTÉ

Georges VIGARELLO